益趣

公平的审判，

不一定等于公众期待的结果，

法律的无情与伟大，

在于所有的人都被保护，

不分善恶

善与恶

美国重大刑事审判的故事

[美] 陶龍生 著

中国政法大学出版社

2015·北京

本书经联合文学出版社股份有限公司授权中国政法大学出版社在中国大陆独家出版发行。

版权登记号：图字 01 - 2015 - 4765 号

政府会演变，激情会起伏，热心会消长，但法律保持一条稳定不移的路线；人们有不确切的期望与想象，和他们任性的怒气，但法律不会向他们低头。

——约翰·亚当斯

In all vicissitudes of the government, fluctuation of the passion, flight of enthusiasm, the law will preserve a steady undeviating course; it will not bend to the uncertain wishes, imaginations, and wanton tempers of men.

John Adams in Rex v. Weems, et al（1770）

客户告诉我全盘实情，没有谎话或半真半假，我会努力使他受到公平的审判。

——亚伯拉罕·林肯

The client tells me all the truth, no lies or half-truths, and I will endeavor a fair trial for him.

Abraham Lincoln Attorney（1850）

推荐语

　　本书通过美国独立后，直到最近为止的数十起重要司法审判案例，用写故事的手法，娓娓细数了美国刑事司法上的诸多重要原则。 这些案例有些是不懂法律的人都知道的事件，例如林白案、麦卡锡案、法网恢恢、水门事件、里根刺杀案、白狼纽约贩毒案、辛普森案、金融风暴等。 通过这些案例的介绍，作者貌似轻描淡写，实质上却非常严肃地将有关刑事司法重要原则的讯息传递给读者。这些原则包含传闻法则与对质、精神异常抗辩、通译、毒树果实、证据证明力、科学鉴定、刑求禁止，等等，如今上述许多案例都已成为台湾地区刑事司法上的原则。 读完此书不仅可以增加法律知识，更重要的是，读者将会理解原则的设定及其实践，是"善与恶"间的区分标准。 或许我们可以这么说：这些原则不仅是刑事司法的原则，更是做人的准则。

——李茂生（台湾大学法律学院教授）

陶龙生律师的小说，已经不是在谈法律，而是在谈人性。作者借由故事，不仅让读者可以轻松地进入英美法系的脉络，更可以一路紧张到卷末。与翻译小说相较，陶律师的文笔令人欣赏，值得读者细读。

——吕秋远（律师）

陶龙生律师用简洁、引人入胜的笔法，描绘了现实版的善与恶，在法律程序中被模糊焦点的过程。或许在这个法律程序当中，无论是法官还是我们，都无法评断真正的善与恶。

——沈伯洋（律师·UCI 犯罪学与法律社会学博士生）

自　序

西方法律的渊源《汉谟拉比法典》（公元前 1760 年）规定："……令被告赤足踏上火炭，如果他的两脚都未灼伤，就判他无罪。"

1603 年，英王詹姆斯控告贵族诗人沃尔·劳利（Sir Walter Raleigh）叛国，主要证据是他朋友被逼供所写的自白书，承认与劳利共谋叛国。审判中被告劳利一再要求："那位证人撒谎以求自保，叫他到法庭来作证，让我诘问他，让我们当面对质。"主审法官拒绝传唤证人，凭一封信判他死刑。[①]

奥地利作家卡夫卡经典小说《审判》[②]这样开头："一定有人诬告约瑟夫，因为无辜的他，早上醒来便被逮捕。"这部长篇著作的主角约瑟夫，从头到尾始终不知道控诉他的罪名，更不知自己做错何事。

本书讲述的是美国刑事审判的故事，故事涵盖240年（1770～2010），让我们看看西方法制究竟有没有进步，以及进步多少。也可以帮助我们了解美国政治和文化的历史变迁。

三年前联合文学曾出版《小人物的呻吟——美国宪法的故事》，去年（2014）亦由中国政法大学出版社在大陆发行简体中文版（简体版书名为《弱者的抗争——美国宪法的故事》）。

"宪法"和"刑事"二书是姐妹作，皆以写小说的手法，讲述严肃的刑事审判。其中几件重大刑案，众所瞩目，争论不息，市场中已经有关于它们的书籍。本书故事根据法院的原始档卷和笔录，使用第一手数据，尽量求真。文学、历史与法学融合，希望有趣和有用。

陶龍生

于美国华府

---

① 2 How. St. 1, 15 – 16, 1603。事后一位陪审法官私下表示它是不公平的审判。劳利于1618年终被斩首。

② Franz Kafka, Der Process（The Trial），1925 年出版，曾于1962 年及1999 年被两度改编成电影。

刑事审判简图 ①

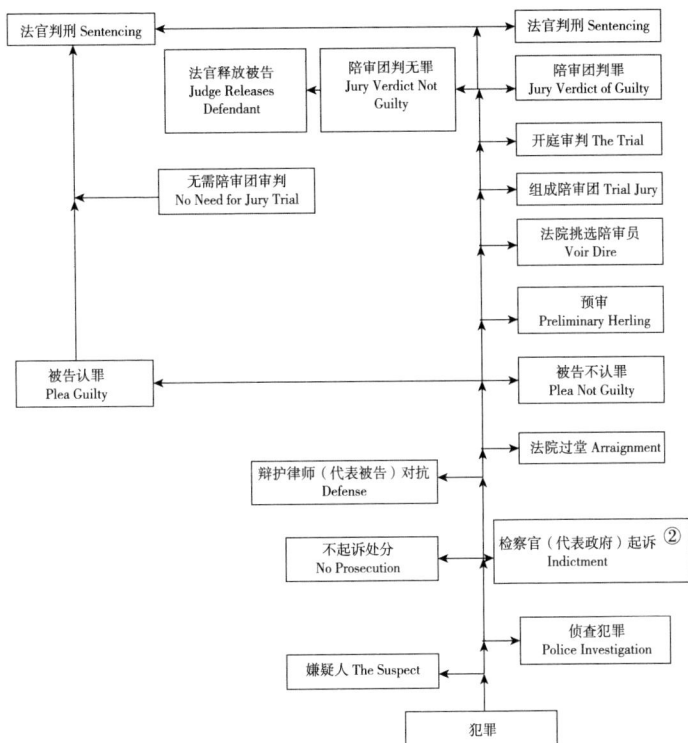

法官判刑 Sentencing	法官判刑 Sentencing
法官释放被告 Judge Releases Defendant	陪审团判无罪 Jury Verdict Not Guilty	陪审团判罪 Jury Verdict of Guilty
	开庭审判 The Trial
无需陪审团审判 No Need for Jury Trial	组成陪审团 Trial Jury
	法院挑选陪审员 Voir Dire
	预审 Preliminary Herling
被告认罪 Plea Guilty	被告不认罪 Plea Not Guilty
	法院过堂 Arraignment
辩护律师（代表被告）对抗 Defense	
不起诉处分 No Prosecution	检察官（代表政府）起诉 ② Indictment
嫌疑人 The Suspect	侦查犯罪 Police Investigation
	犯罪

---

① "上诉程序"请参考陶龍生：《弱者的抗争——美国宪法的故事》，中国政法大学出版社 2014 年版，第 12 页。

② 任何阶段检察官可以撤回起诉（Drop a charge）。

目　录

引 言

法庭电影

　　即使未曾经历法院的读者，或许也看过法庭电影。美国好莱坞曾拍制一些颇受观众欢迎的影片，描写以法庭审判为主轴的故事。戏剧化的情节引人入胜。现在简述几部经典电影，将它们描绘的法庭故事，与真实的刑事审判相互比较，回味精彩电影情节，也收抛砖引玉之功。

　　杰克·尼科尔森和汤姆·克鲁斯于1992年合演《义海雄风》（A Few Good Men）（译为"几条好汉"似较切题），评价甚高。①尼科尔森扮演美国陆军上校，克鲁斯饰演海军尉官军法律师。剧中一名驻扎于关塔那摩岛陆战队的士兵，半夜猝死在营房中。军医鉴定他死于心脏衰竭，军法处怀疑士兵遭人闷死。调查矛头指向班长和排长。班长表示曾奉上级命令"处分"这位士兵，士兵受不住陆战队的艰苦，曾履次写信回家和上书国防部，请求调职，军营上司颇为不爽。

军法处起诉排长和班长指控他们杀人罪。过程中发现"处分"士兵的命令可能来自军区指挥官——杰克·尼科尔森扮演的上校。

电影的高潮是军事法庭审判。汤姆·克鲁斯被上级指定替两位被告辩护。陆战队上校出庭作证，解释营区的严格纪律。辩护律师尖锐地质问他："告诉我们真相，你下达命令'处分'这位士兵，是不是?"证人席中骄傲的指挥官被激怒，大声回答："是的，是我下达军令。你们想知道真相? 你们不能面对真相……。"

上校作证完毕，法官下令当场拘捕他。

这部电影与现实契合的地方在于：军法处起诉两位被告之后，上级指定一位军法官替他们辩护，这是刑事被告的宪法权利；并且辩护律师在法庭中，与检察官分庭抗礼，两方都有机会传唤证人，也有平等的权利质问证人。少尉军官汤姆·克鲁斯不问军阶，在法庭中可以逼问上校证人。

这部电影与现实不符的地方则在于：上校指挥官可以选择保持缄默，不必回答律师的问题（宪法保障缄默权）；他应该聘请律师保护自己，[②]却在证人席中（证人而非被告），盛怒之下竟自己承认下达"处分"士兵的命令。

1990 年，哈里森·福特主演《无罪的罪人》（Presumed

Innocent），非常卖座，票房收入超过 2 亿美金。他扮演检察官，奉命调查一件凶杀案，被害人是检察署中女同事。已婚的检察官曾瞒着上司与她有染。不久上司发现此事，转而怀疑他是真凶。福特遭到起诉，由检察官沦为刑事被告。对他不利的证据包括在死者家中搜到的啤酒瓶上有他的指纹。之后曲折的情节又引出收受红包的主审法官，以及调查员遗失啤酒瓶等插曲。

审判的结果，陪审团宣判福特无罪。

这部电影与现实契合的地方，就是它原本的英文标题："推定无辜"。法院推定每位刑事被告都是无辜的，除非政府提出证据，说服陪审团，证明被告确曾犯罪，证据必须超越"合理的怀疑"。

这部电影亦有与现实不符的地方：收红包的法官竟能继续主持审判；此外，在法庭中检察官不准谈论不存在的物证（遗失的啤酒瓶），当他对陪审团提起不存在的物证（啤酒瓶）时，法官应该立即阻止，并指示陪审团不可相信。主审法官没有这样控制法庭，构成上诉法院撤销原判的理由（好在福特被判无罪，没有上诉的必要）。

著名演员保罗·纽曼于 1990 年主演《大审判》(The Ver-dict)[③]中一位失意、嗜酒的小律师。客户接受手术后昏迷不醒，医院推诿责任，纽曼怀疑病人麻醉后呕吐胃内剩余食物于口罩中，窒息致死。麻醉医师在法庭作证，开刀前 9 小时病人应禁食，麻醉中不可能呕吐食物呛死自己。律师找到一位遭医院解雇的前任护士，她曾目睹病人仅禁食 1 小时便接受手术，病人晕死后麻醉医师又擅自篡改病床前的书面纪录，把"1"小时改为"9"小时。

麻醉医师坚持病人已超过 8 小时没有进食。律师问医师："病人禁食不足 8 小时便动手术，病人有呕吐食物的危险？"

医师回答："是的。"

律师问："病人禁食的时间不够，你们却进行手术，这是误诊？"

医师回答："绝对的。"

医师作证完毕，律师要求法官传唤那位前任护士小姐上庭作证。

医院的律师和麻醉医师赫然震撼，没有料到纽曼竟然找到这位已被开除而且离开本地的护士，几乎惊惶失措。

在证人席中，护士细数医师篡改病历纪录的过程，并且无理开除她以掩盖错误。

偏袒医院的法官当庭指示陪审团不可考虑这位"意外证人"（Surprise witness）的证词。

结果纽曼还是赢了这场官司，陪审团宣判医院对女病人误诊。

这部电影的关键，就是那位成了"意外证人"的女护士。

开审之前，两方律师预先知道证人和证物，而且经过主审法官批准。唯有陪审团不知道即将展开的情节。这位护士出现于法庭，不可能是令对方震撼而不知所措的意外。④

另一部 1962 年的经典影片《杀死一只知更鸟》(To Kill a Mockingbird)，由格利高里·派克⑤主演并获金像奖，从小孩的眼光描写美国南方小城老百姓歧视黑人的故事。黑人汤姆被起诉强奸未遂并殴打一位乡下年轻白种女子，小城的律师阿迪卡斯·芬奇 (Atticus Finch) 替他辩护。汤姆在女子家中修理电灯，女子从背后抱住他，被他拒绝。这时女子的父亲恰好回家，将汤姆赶出家门，痛揍女儿，并且控告汤姆意图强奸。城里的群众企图吊死汤姆，被芬奇律师阻止。

审判中，"被害"的女子指控汤姆性骚扰和伤害罪，并展示右脸的伤痕。芬奇安排汤姆上台作证。律师问他："我这里有一个水杯，现在丢给你，你能接住吗？"汤姆用右手接住抛来的水杯。律师又问汤姆，如果再丢水杯给他，这次能否用左手接住。

"抱歉，先生。"汤姆回答："我不能使用左手，因为年幼时左臂被机器压坏，抬不起来。"[⑥]

被告汤姆不可能使用左手打伤女子的右脸。陪审团仍然判他有罪。

芬奇律师答应替汤姆上诉："我们会成功的。"

不久绝望的汤姆从法院拘留所中逃出，被法警从背后枪击致死。

这部电影彰显了美国南方的种族偏见，陪审团歧视黑人和地方法官的不公。

法官将全案交给陪审团考虑之前，辩护律师应该起立表示异议，要求法官撤销起诉，因为犯罪的证据不足。上诉是针对法官在审判中所作的裁决。辩护律师当庭要求，法官驳回他的要求，才构成上诉的理由。电影中芬奇律师没有对欠缺证据的判决提出异议，也未及时逼迫法官做决定，可能已丧失上诉的基础。

1951 年一部电影《郎心如铁》(A Place in the Sun)，由伊丽莎白·泰勒和蒙哥马利·克利夫特合演。故事发生于加州太浩湖风景区。克利夫特扮演一位年轻贫穷男子乔治，有位忠厚的女友 (Shirley Winters 饰)。某年夏天，乔治受雇替富家做杂工，认识富家小姐泰勒。两个月后，乔治爱上富家小姐，为了财富见异思迁，想摆脱原来的女友，不巧女友已经怀孕。有一天夜晚他约女友到太浩湖划船，船荡到湖中时，两人争吵，女友站在船尾，重心不稳，小船翻覆，两人双双落水。后来女子淹死，乔治则游回岸边。警察怀疑他故意杀人，造成一尸两命，检察官将他起诉。

电影的高潮便是法庭审判。检察官把那只翻覆的木船运入法庭，在陪审团面前，拿起木桨向木船猛击，一面大声说："你当时就这样，用木桨打击你的女友，这样打、打、打，直到她掉落湖中。"

陪审团判乔治谋杀罪。电影结尾，狱官送他上电椅。

这部电影描写青年男女羡富恶穷、见异思迁所犯的错误。男子有杀人的意图，却没有杀人的行为。检察官在法庭中对模型木船击打，震撼观众的情绪，划清善与恶的界线。

然而击打木船的情景，却是真正受法庭禁止的表演。检察官不准讲没有证据的话。女子淹死而不是被打伤后掉落水中，没有打人的证据。击打的表演必须符合女子的死状。没有根据的辩论，是检察官失职（Misconduct）；法官容忍戏剧化的表演，构成"误审"（Mistrial），可能导致高等法院撤销原判，反而会帮助被告乔治脱罪。

成功的电影带引观众以想象取代现实。经典影片如果欠缺戏剧高潮，便会失去艺术品位和娱乐价值。法庭审判却是冗长、琐碎、步步为营而充满危机的历程；它决定被告的自由、财产、甚至生命。

然而，不论这几部电影是否符合现实，它们都正确地展现法庭中两方攻防，盘问证人，追求真相的精神。

在法院审理的历程中，政府的检察官和被告的辩护律师之间的攻击和防御，是美国法律制度的精华。在法官和陪审团面前，政府与被告立于平等的地位。两方都有机会传唤证人，两方都有机会诘问己方和对方的证人。政府用直接的问题问它的证人们，引导他们作证，这叫"主诘问"。被告的律师可以反问政府的证人们，突破他们的证词，这叫"反诘问"。在法官的监督下，两方的攻击，有过滤和考验证词的真实和可靠的功能。所以诘问证人，是美国法庭审判程序中最基本和最重要的环节。

---

① 美国影片学会（American Film Institute，简称 AFI）选出历年最佳 20 部法庭故事片，本片列第三名。

② 上校是证人而非被告，所以上级不指派律师替他辩护，但本案的矛头已指向他，所以应该自聘律师代理，避免讲错话。

③ AFI 第二名。

④ 临时出现新证人，法官会立刻休庭，请陪审团退出法庭，然后在两方律师面前讯问证人将述说何事，双方律师也有权提问，法官才准许她上庭在

陪审团面前作证。没有真正的"意外证人"。

⑤ AFI 第一名。

⑥ 被告上台为自己辩护，可能有反效果。检察官有机会反诘问他：例如："明知女子单独在家，你进屋去，本有性侵她的意图?"、"左手抬不起来，怎能替女子修理电灯? 假装的吧?"等等。较妥当的方法是请一位医师出庭作证，说明被告左手曾受重伤，不能用力。但这样便失去了电影的高潮，欠缺趣味。

第一章

波士顿屠杀

"两百多年前，美洲殖民承袭英国的对造审判制度。美国法律老早就和欧洲大陆的法系不同。英美法院要求证人在法庭中当场作证，他们的证言让对造在陪审团面前质问和考验；而大陆法系依赖审判官选择发问，对事理私下考虑和评断。""在法庭中，检察官和被告，同样有机会诘问和反诘问证人。""被告面对指控他的证人，有权利质问他们，是美国法律的基石。"

最高法院大法官斯卡利亚[①]

美国的法律文化遵从法院的判例，即便是 300 年前的判决，如果没有被后来的法院推翻或修改，仍然是法官们应该遵守的前例——"法律保持一条稳定不移的路线"。

最有名的例证，便是 1803 年美国最高法院的"马伯里"判决（Marbury v. Madison），宣布"本法院认可的法律，才是有效的法律"，建立"司法审核"的传统（法院可以宣告议会制定的法律因违宪而无效）。各级法院以至全国已遵守两百多年，即便再过两百年，仍将持续遵守。

1770 年有一宗刑事审判，建立了几项先例。

当时美洲大陆是英国的殖民地。在东北部大城波士顿中心及附近驻扎英国军队。1769 年冬天，独立的气氛浓厚，波士顿的居民更深切嫌恶英国军人。1770 年 4 月，一家商店老板与一名军士因付账争执而发生摩擦，一群街民愤而追逐那位军士。3 月 5 日，几十个居民聚集在城中心的军营门口大声叫嚣，要求英国军队滚出城。瞬间群众增加到 300 人以上。军营内的士兵持着装有刺刀的长枪排列在门口，警戒并保护营房。

群众的情绪激昂，高喊"龙虾"、"懦夫"、"混蛋"和"狗娘养的"。有人开始向士兵投掷雪球、冰块和石子，也有人挥舞棍棒。英军的队长名叫普莱斯顿（Captain Preston），站在一排士兵后方，内心焦急。

其后发生的事成为争辩的焦点——混乱中忽然有人大叫"开火"，士兵们便对群众开枪。一阵枪响之后，5 人中弹身亡，6 人受伤。这便是历史上有名的"波士顿屠杀"。

一星期后，总督指示检察长，起诉普莱斯顿队长和他指挥的 8 名士兵，起诉的罪名是谋杀百姓。

波士顿有位年轻的律师，名叫约翰·亚当斯，刚出道不久，成绩很普通。当时一位朋友匆匆来见亚当斯，"我看到他流着眼泪，希望我出面替普莱斯顿队长在法庭中辩护。"亚当斯后来回忆道。

然而此时英国军人在波士顿好比"过街老鼠，人人喊打"。亚当斯自忖，如果替他们辩护，自己必遭众人唾弃，律师事业更没有前途。但他同时也感到强烈的使命感：律师的责任，是让被告得到公平的待遇。每一个人，无论其身份、贫富、好坏和是否受欢迎，都有权利要求公平审判。

于是亚当斯答应替普莱斯顿队长辩护。那 8 名士兵找不到另外的律师来协助，亚当斯也一概承担下来。

准备开庭时，亚当斯发现队长和士兵之间有矛盾。士兵们认为，队长命令他们开枪，是服从长官的命令，应该无罪；但队长坚持，当时他并没有下令开枪。既然没有下令，便不必对后果负责。

亚当斯请求法官将队长和士兵分开审判。他又请求法院安排两批不同的陪审团，希望陪审员们都不是波士顿城内的居民。此外，因为街市间群情激昂，亚当斯说服法官，将陪审员们"隔离"和"禁闭"在旅社中，不得与外界接触。

"隔离"陪审员们，不准与外界接触，构成日后的前例。选择不知情的局外人来担任陪审员，也是史上先例。

原本殖民地的传统中，陪审员必须是知道事件过程的人，法院请他们来参加评断事理。此案以后，陪审员必须是不知情的局外人，由他们在法庭中缄默地聆听证词、观察证人，再客观地达成共识，决定被告是否有罪。

一星期以后，法院开庭先审判 8 位士兵[②]。

当时的审判程序和法庭内的安排比较简陋。证人们一起站在法庭侧面，以栏杆与律师隔开，陪审团坐在法庭另一边和他们相对。检察官传唤的证人再与辩护律师请来的证人分成两群。多年以后，法院将证人分开，并且单独上庭作证。在作证之前，证人不得进入法庭，以免受到影响。1770 年还没有这种安排，证人们站在一起，两方律师可以挑选其中一个人诘问，他可以回答，别人也可以发言。

开庭审判 8 位士兵时，亚当斯请求主审法官指示证人们"只准讲事实，不准表达你们的意见、想象、判断或感叹"。

检察官问一位证人枪击发生时的情形，证人说："我们只对士兵喊叫，丢一些雪球而已。"

亚当斯追问："只有雪球？有人丢石头和冰块吗？"

证人答："有，但我没有。"

问："你们手持木棍？"

答："有些人。"

问："木棍可以用来打人？"

答："可以。"

问："可以把你的脑浆打出来？"

答："……"

问："当时你离士兵们多远？"

答："很近，他们的枪口和利刀，就对着我的鼻尖。"

问："你也可以用木棍攻击他们？"

答："我没有，但士兵就开枪了。"

检察官叫另一位证人叙述士兵向群众开枪的经过，他描写群众围在士兵们面前，忽然听到有人喊"开火"，士兵们便开枪射击。

辩护律师诘问："士兵开枪前，你是否看到其中一位士兵被人打倒在地上？"

答："是。"

问："他是被木棍打倒的？"

答："好像是这样。"

另一位证人表示，被打死的一人名叫卡尔（Patrick

Carr），中枪之后，当天晚上不治死亡。

辩护律师问证人，卡尔对他说过什么话？

检察官立刻反对，并向主审法官反映，那是重复第三者在法庭之外的言语，典型的"传闻证据"（Hearsay Evidence）③。

亚当斯回答：一个人临死时的话，应该出于良心，法官应该破例，接受为证词，让陪审团听取。

法官裁示，死者临终的遗言，虽然是"传闻证据"，仍然应该让陪审团考虑。

于是亚当斯请证人复述死者的话。

"……大约下午4时，在当晚他死去之前，他特别说，他原谅那位射伤他的人，虽不认识那个人，但他知道这个人内心没有恶意，开枪只是出于自卫。"

证词结束，检察官和辩护律师分别对陪审团作出结论。检察官要求处罚这些英国士兵，因为他们"没有总督的命令，肆意射杀无辜百姓"。

辩护律师对陪审团逐件分析各方证词，认为士兵们受到群众攻击，棍棒齐下，甚至还有一位持枪的士兵被当场打倒，他们心生恐惧，不得已才开枪自卫。"士兵也是人，军人制服底下也是血肉之躯，在群众威胁之下，他们也有权自卫。"

当天下午，陪审团达成共识，宣判 8 位士兵中 6 位无罪，其中 2 位开枪的士兵，则判误杀（过失杀人），建议法官给他们从轻发落。主审法官判他们两人各在大拇指上刺青，放他们自由。④

6 个月后（10 月 24 日），法院开庭审判普莱斯顿队长，这时波士顿人民的情绪已经平息，审判过程也较安静。

审判的关键在于，究竟队长有没有命令士兵"开火"？被告矢口否认，而检察官和他的证人则坚持是他下令开火。

开庭过程中有这一段对答。政府的证人描述开枪之前一瞬间的过程。

辩护律师这样诘问证人：

问："三百多名群众拿着木棍等武器，对士兵们叫嚣？"

答："是的。"

问："群众对士兵们喊：'你们是懦夫'、'敢开枪吗？'、'开火、开火'吗？"

答："是的。"

问："有一位士兵被木棍打倒在地？"

答："好像有，但不在我面前。"

问："有人大喊'开火'，他便开枪射击？"

答："当时很混乱。"

问："是你们在叫'开火'，不是普莱斯顿队长下令？"

答："我不知道。"

审判结束，两方下结论时，辩护律师亚当斯对陪审团说："政府会演变，激情会起伏，热情会消长，但法律保持一条稳定不移的路线；人们有不确切的期望及想象，和他们任性的怒气，但法律不会屈服于他们，不会向他们低头。"

普莱斯顿队长被判无罪。

从今而后，死者临终的遗言成为"传闻证据"的例外，法官可以接受在法庭上复述遗言，不必排斥在证据之外。

约翰·亚当斯在波士顿的律师业务，受到打击。

1776 年，殖民地的人民发动革命。革命成功，新建立的"美利坚合众国"制定了世界上第一部成文宪法⑤，沿袭英国和殖民时期的法律规范，称为"普通法"（Common Law），陪审团继续遵守法院判例的文化。

26 年后，亚当斯当选美国第二任总统。

林肯总统谈到 80 年前发生的"波士顿屠杀案"时，曾说："当政府追诉你，众人唾弃你的时候，你唯一的朋友，是你的辩护律师。"

---

① "English common law has long differed from Continental civil law in regard to the manner in which witnesses give testimony in criminal trials. The common – law tra-dition is one of live testimony in court subject to adversarial testing, while the civil law condones examination in private by judicial officers. " "The right of the ac-cused to confront witnesses against him is the bed rock of American law. " Justice Scalia in Crawford v. Washington, 541 U. S. 36, 2004.

② Rex v. Weems, et al, 1770.

③ 陶龍生:《弱者的抗争——美国宪法的故事》第十三章，中国政法大学出版社 2014 年版。

④ 1970 年 5 月 4 日，俄亥俄州肯特大学（Kent State）学生示威反对越战，国民兵（National Guards）开火枪杀 4 位学生。8 名国民兵被起诉，法官驳回诉讼，判他们无罪。(United States v. Shafer, et al, 384 F. Supp. 480, 1974)。情节与本案相似。

⑤ Rex v. Weems, et al, 1770.

第二章

陪审团

"对造制（adversary system）的本质是律师，而不是法官，选择怎样提供证据，审判的技术和策略，亦是律师的责任。律师提供证据，由法官依照证据法则决定证据是否适宜在法庭中提出。"①

"我们的证据法则严格要求最可靠的信息来源……证人只可就他有机会感受并真正看到或听到的事实，在法庭中作证。"②

陪审团（Jury）通常编制14人，12人正选，2人为候补。法院的书记处备有陪审员候选人名单，根据当地汽车管理局或选举投票单位的数据决定人选。选择陪审员的程序由主审法官主持，检察官和辩护律师各有机会向每一位候选人发问，淘汰不适合的人选，组成 14 人的陪审团。

陪审团是法庭审判的核心。300 年前，陪审员们是法官从地方挑选出来，知道案情的人。他们与法官共同参与审判，还可以发言。后来逐渐演变成，陪审员必须是不知情、对案情没有偏见的局外人。由律师们过滤和决定他们是否适格（称为"Voir Dire"）。

陪审员们在法庭中安静地观察、聆听，保持沉默，彼此不准交谈，退庭后由法警护送回旅馆，彼此不准讨论案情，禁看报纸、电视、计算机或脸书等传播工具，不准使用电话、电子邮件或传真。审判过程中，他们与外界隔离。

证据法则大都为保护陪审团的视听而演绎出来。因为他们应该是不知情的局外人，只决定事实，不评判好坏，不发挥意见，所以在法庭中，必须严格控制他们看到或听到的信息，以免伤害他们的公平和客观。而主审法官则依证据法则掌握法庭讯息，以免陪审团受到不公正的影响。

人们谈话不外下列几种辞句：①感叹。②疑问。③意见。④预测。⑤情绪。⑥事实。

法庭中的证人有两种：事实证人和专家证人。专家证人（譬如医师）可以在法庭中表达专业意见。事实证人只准陈述事实，只能讲他看到、听到和接触过的事。也就是说，上述六种表达方式，法官只接受一种（即⑥），因为陪审团的责任只在评断"事实"。

法庭不接受下列证词：①与案情无关。②没有证据价值。③传闻证据和④非法取得或受非法影响的证据。

值得分析的是第③和第④项。

传闻证据指法庭之外第三者讲的话，好比"道听途说"。在刑事审讯中，证人在法庭中复述他曾听别人说的话，然而，被告（辩护律师）却没有机会诘问那位原来讲话的人。宪法规定，在法庭中被告有权质问证人。但他质问不到那个"传闻"的来源，法庭无法判断是不是可以信赖它的内容。③"传闻"证词中，有少数可以接受：一种是死者临终时所讲的话，又称"死者的宣言"（Death Declaration），法官可以同意让在场听到死者宣言的人在法庭中复述；第二种是第三者在法庭外讲的话，如果不是叙述某项事实，而只证明"讲话"这件事，法庭可以接受。例如第三者的呼声，或者"他有没有讲话？"（但内容可能是传闻证据，因此不予采纳）。在本书的故事中，一位少年呼喊："狗娘养的，他们杀死我的狗"，便是一例。而另一判例中，可由录音系统听到旁人教导证人将来作证时的内容，亦被法官接受为证据。

非法取得的证据或受非法影响的证词，法官必须排斥。受到非法影响的证词，因为是排演或被人教唆过的证词，是不可靠的。可是"非法取得的证据或证词",却不一定不可靠。譬如警探没有法院的搜查令,却破门而入,所取得的证物(如毒品),经常是可靠的犯罪证据。即使如此,法官亦不可接受,因为最高法院依据宪法规定,不准在法庭中使用非法取得的证据。本书中亦有一例,在真实案件中,法官排斥被俘虏的恐怖分子遭私刑屈打成招的供词。

法官为什么要排斥这些不良证词或证物?因为它们会影响陪审团对事实的判断。如果法官不小心容许这种"证据"在法庭中陈述或展现,法官的决定(裁决)可能构成上级法院撤销此判决的理由,称为"可推翻的错误"(Reversible Error)。

在这些证据法则的限制下,检察官和辩护律师相互诘问法庭中的证人,主审法官控制视听、指挥程序、解释相关法律,最后由陪审团闭门秘密讨论,达成共识,根据事实决定被告有罪还是无罪。

若判决无罪,法官当庭释放被告;判决有罪,法官则当场处刑,或另择日期,对被告判处刑罚。

本书叙述的刑事审判故事,都在这个范畴中运作。

---

① "It is the essence of our adversary system that counsel, not the court, chooses how evidence is to be presented. Trial tactics and strategy are the responsibility of counsel. Counsel offers the testimony, the court determines its admissibility based on the rules of evidence." United States v. Ebens, 800 F. 2d 1422, 1986.

② "Our rules of evidence are exacting in insistence upon the most reliable source of information······A witness who testifies in court to a fact which can be perceived by the senses must have had an opportunity to observe, and must have actually observed the fact." Wigmore, Evidence II, 850, McCormick, The Law of Evidence, p. 20.

③ 中世纪欧洲大陆和英国迫害政敌和异教徒，宫廷的法官依赖"传闻"证据。美国 13 州殖民地的人们痛恨这种做法。(Jardine, Criminal Trials, 435, 1835)

第三章

飞行英雄的婴儿

1927 年 5 月 20 日，查尔斯·林白驾驶一架单人飞机"圣路易精神号"（Spirit of St. Louis），从纽约飞到巴黎，全程 5800 公里，飞行时间共 33.5 小时。林白是有史以来第一位，同一天出现在纽约和巴黎的人。回国之后，林白成为飞行英雄，国会颁授他最高荣誉"光荣勋章"。林白和妻子安妮后来定居在新泽西州。

1932 年 3 月 1 日，林白刚满 20 个月的婴儿从住处二楼的育儿室失踪。

被打开的窗户前方留有一个信封，里面的信件写着：婴儿已被绑架，要求林白准备 5 万美元赎金，听候指挥。

信件上的英文用字有许多错误：将"准备"（ready）误拼为"redy"、"什么地方"（where）拼成"were"、"任何事"（anything）误为"anyding"、"警察"（police）写成"polise"、"好"（good）误拼为"gute"等，看来是外来移民留下的字条。

警察判断，绑票的嫌疑人未受过高等教育，说话可能带欧洲口音。那时第一次大战结束不久，美国人仇视德裔移民。

林白家的狼狗没有出声、婴儿室内亦找不到指纹或其他线索、二楼窗外架着一座木梯，中间一节长木板折断、木梯附近的泥地上留下一个脚印。

林白婴儿遭绑架的消息传开，第二天便涌来大批记者和好奇的群众。他们破坏了屋外现场，警察还来不及测量那个鞋印，便遭群众践踏破坏。

林白要求警察局让他直接与绑架犯谈判，救回婴儿之后，再设法捕捉犯人。于是，林白在国家广播公司的电台上呼吁绑架犯出面和他联络。三天后，林白在家中接到一封自纽约寄出的信函，警告林白不得让警察参与此案，但把"案"（case）误写为"cace"，同时要求林白等候下一步通知。

同时，纽约一位退休小学校长约翰·康东（John Condon）在报纸刊登启事，表示自己愿意出钱，希望绑匪与他联络。

康东在报纸上刊登第二则启事，表示手上有钱，希望和绑匪单独见面。绑匪回函给他，指示康东到一片公墓见面。康东依约前往，在黑夜中见到一个中等身材的男子，以手巾蒙面，语带德国口音。绑匪向他要钱，康东要求证明他手上有婴儿。谈话过程中，两人并肩坐在一张墓园中的长椅上。康东注意到绑匪左手大拇指上长有一块肉瘤，脸上大鼻子相当显眼。

分手后不久，康东收到一个邮寄包裹，里面装了婴儿睡衣。林白确认是孩子的衣物，内心焦虑不已，主张赶快付钱。

联邦财政部安排交给林白价值 5 万元的黄金汇票（Gold Notes），将来容易追踪，并由康东带去交给绑匪。这次见面地点在另一处坟场，绑匪交给康东一个信封，里面附有一封短笺，告诉林白，婴儿在沿海岸一艘名为"Nelfy"的船上——"你将在船上找到婴儿"。信上的"船"（boat）误拼为"boad"。

林白驾飞机沿着海岸寻找，没有找到这条船。

1932 年 5 月 12 日，两个月又十天之后，在离林白住所一公里处，路人发现一具腐烂的婴儿尸体。法医鉴定女婴头骨破裂，已死亡两个月。

至此，绑架案演变成谋杀案。

1932 到 1933 年间，财政部交给林白的黄金汇票陆续在纽约的市场上出现。1933 年 11 月 27 日，一位电影院售票员卖出一张电影票，收进一张 5 元的汇票，买票的人中等身材、大鼻子。10 个月之后，一位银行职员收到一张汇票，它的边缘写有铅笔字"49 – 13 ~ 14 – N. Y."。

警探认为那应该是汽车牌照号码。查询汽车管理局后，发现牌照持有人为理查德·郝特曼（Richard Hauptman）。此人 35 岁，木匠，住在纽约布朗克斯，德裔非法移民，居住纽约市已 10 年。

警探在他的车房搜出 1830 元黄金汇票；另外在一个铁盒中找到 11 930 美金。郝特曼解释，这些钱藏在一批物品中，原来属于一位名为费舍尔（Isidor Fisher）的友人，当费舍尔回德国老家时，交给自己暂时保管。

警探拘捕郝特曼，并且施用酷刑拷打，逼他承认犯罪，但郝特曼死也不肯自白。检察官便起诉他绑架和谋杀。

从被告家中，警探找到一条木板，一端被锯断，可能是当时使用的木梯的一部分；另外在抽屉中找到一张纸条，上面写着康东的地址和电话号码。

1935 年 1 月 2 日，纽约地方法院开庭审判郝特曼。媒体称它是"本世纪最重大的刑事案件"。

林白在法庭作证，描述发现婴儿失踪后的情形。辩护律师问他："为什么你的狼犬没有动静？难道那不是熟人做案吗？"①

接着康东上台作证，指认被告郝特曼就是他出面在坟场中谈判的那个蒙面人。

辩护律师事前准备不周，忽略一事，以致遇到明显破绽，却没有发问让陪审团参考：在警察局中，康东第一次看到郝特曼时，曾摇头说："不是他。"②

此外，郝特曼的左手拇指上没有肉瘤。在反诘问时，律师也没有指出③。"黄金汇票"的流向是郝特曼最大的伤害。在他家中找到约2万元面值的汇票，似乎是"人赃俱获"，不巧他的友人费舍尔回到德国后即患肺病身亡，死无对证。然而警探无法解释，另外3万元的汇票流到何方？那一笔钱，八十多年来始终没有找到。

审判最关键的时刻，是郝特曼亲自坐入证人席，企图替自己辩护。他坚持原来的故事——费舍尔交给他一批物品请他保管，汇票是其中一部分。

检察官问郝特曼："在拘留所中，你写英文时，把警察（Police）写成'Polise'，又把'准备'（ready）写成'redy'，再把'那里'（where）写成'were'，对吗？"

郝特曼回答："那是当时警探叫我写出的范例。"

检察官问："请看这张绑匪给林白上校的字条，请看，这些字也是警探叫你写的吗?"

被告回答:"当然不是。"

问:"所有拼错的文字都是一样的,不是吗?"

答:"可是……"

检察官转变话题,又问郝特曼:

问:"请你拼出'船'这个字,好吗?"

答:"船(Boat)。"

问:"确实吗? 不是'Boad'?"

答:"我从不会写错这个字。"

问:"好,请看这份文件,这是你家的账本,认识吗?"

答:"是的。"

问:"账本上都是你书写的文字?"

答:"是的。"

问:"请看这一页,上面写着'船'这个字,看到了吗?"

答:"看到。"

问:"账本上也写了'船'这个字,你写成'Boad',不是吗?"

答:"……"

问:"请看这一张字条,绑匪交给林白上校的字条,上面写着'船'字,拼成'Boad',字尾是'd'而不是

29

'ｔ'。这字条是你的手笔吗?"

答:"绝对不是,不可能。"

被告上庭作证,企图为自己辩白,经常弄巧成拙,反而害了自己。郝特曼在台上的表现成了后世辩护律师们的"兵家大忌"。

1934年2月13日,检察官和辩护律师对陪审团作出结论。检察官指称郝特曼是"最低下的动物中最恶劣的动物"、"第一号人民公敌"、"最肮脏的毒蛇"。

辩护律师坚持,绑架犯是林白家中的仆人,连家中狼狗必然都认识此人,才能里应外合犯案。

当天主审法官将全案交给陪审团研究讨论。当晚10点28分,陪审团报告已达共识。在公开法庭中,他们宣判被告郝特曼有罪。法官随即判被告死刑。

第二天两位记者在监狱访问他:"你害怕死在电椅上吗?"

"你可以想象我的心情,我想念妻子和孩子,但我没有恐惧。"郝特曼用他浓重德国腔的英语回答:"当我赴死时,我将像位男人,一位无辜的男人,去接受死亡。"

郝特曼的上诉全被驳回。1936年4月3日,郝特曼被执行死刑,他至死仍然宣称自己是无辜的。④

---

① 康东曾与蒙面的绑匪在坟场中对话。侦讯时检察官曾请他听郝特曼的声音，要他辨识。康东说："听不出，不能确定是他。"然而检察官没有透露这讯息，或者辩护律师不在意，没有在法庭中追问证人康东。

② 30 年以后，最高法院通令，各级检察官必须将对被告有利的证据交给法官和被告（Brady v. Maryland，373 U. S. 83，1963）。当年如有这项规定，这位证人必遭辩护律师当庭揭穿。

③ 新泽西州法律规定，绑架不处死刑；谋杀则处死刑。法医对婴儿的尸体曾表示疑问，不能确定是林白的孩子。那时鉴识科学不发达，无法科学鉴定腐烂的尸体。它也可能是附近孤儿院丢弃的无主婴尸。所以郝特曼"谋杀"林白的婴儿一事，仍有质疑空间。然而他的律师在法庭上不但未追问法医，更表示不争执（No dispute），等于把郝特曼推向死刑。

④ 审判结束后不久，郝特曼酗酒的辩护律师，因精神失常被关入医院。

第四章

蓝翅黄身莺

蓝翅黄身莺是非常稀有的鸟，羽毛漂亮，啼声悦耳，在华府郊外森林中，偶尔能惊鸿一瞥，见到它的身影。没想到，这种美丽的鸟，竟在法庭扮演了重要的角色。

第二次世界大战末期，同盟国的领导人到中立地区会面，检讨战局和商量善后。1945 年 2 月，美国总统罗斯福、英国首相丘吉尔和苏联总理斯大林在雅尔塔开会，决定战后欧洲和亚洲的布局。雅尔塔协议（Yalta Agreement）使战后欧洲分隔两半（东欧和西欧）、中国丧失东北边界以外的领土，亦成为外蒙独立的基础。

随罗斯福总统参加会议的官员中，有一位名叫爱尔杰·希斯（Alger Hiss）的 41 岁国务院官员。几年后希斯被指控为美国共产党员及苏联潜伏在美国政府的地下干员。

指控他最力的人名叫威塔克·钱伯（Whitaker Chambers），而
追缉他最狠的政客，名叫理查德·尼克松。

希斯是不是苏联间谍，迄今没有定论。尼克松则因此
声名大噪，成为反共健将，20 年后被选为美国总统。

爱尔杰·希斯是富家子弟，毕业于哈佛大学法学院，
文质彬彬，成绩优良，同学称他为最有前途的毕业生。大
法官霍姆斯欣赏他的才气，雇他为研究助理。其后希斯的
事业一帆风顺，任职于参议院和国务院，曾参加策划建立
联合国，并任卡内基捐款计划总裁。

不知什么缘故，1934 年希斯似乎加入了美国共产党。
参加活动的时候，他认识另一位党员钱伯。钱伯使用假名
"卡尔"和"乔治·葛洛斯里"。两人关系良好，钱伯曾到
希斯的公寓借住一星期。希斯也曾将一辆陈旧的福特牌轿
车送给钱伯。

1938 年，钱伯退出共产党。后来他作证表示曾劝希斯
同时退党，却遭希斯拒绝。

第二次世界大战于 1945 年夏天结束。苏联势力强大，
欧洲被分割。美国国内发生恐惧，掀起反共浪潮。

联邦调查局（FBI）开始注意并调查共产党员，曾经两
次约谈钱伯。干员们也注意到希斯，认为他的背景可疑。
情报单位曾截获来自莫斯科的秘密电报，其中提到在美国

的地下人员，名叫"ALES"。情报局怀疑 ALES 就是希斯。但希斯对调查人员坚决否认自己是共产党员或与苏联有关系。

同时，华府国会中的联邦众议院组织一个"非美"活动委员会，调查共产党和其同路人在美国的活动。委员会的成员中，有一位来自加州的年轻众议员，名叫理查德·尼克松。刚踏入政坛的尼克松议员还没有名气，他对共产党"第三国际"组织的活动非常有兴趣。

"非美活动委员会"（Un – American Activities Committee）传唤钱伯到众议院作证。钱伯承认自己曾参加美国共产党，但已于 1938 年退党。他供出一些党员的姓名，其中包括希斯。

希斯是国务院高级官员，此事极受媒体和政治圈重视。尼克松传唤希斯到委员会前，叫他宣誓后回答问题。希斯冷静地解释，从来没有参加共产组织，并且不认识钱伯这个人，不知钱伯为何指控他。此后，希斯被传唤在委员会前出现数次，供词一致。

钱伯也作证好几次，坚持他认识希斯多年，并指出曾在希斯的公寓中借住一星期，1936 年希斯曾送给他一辆福特牌汽车。钱伯并描述，希斯喜欢观赏稀有的鸟类，时常黎明早起，到博德玛河边的树林中去看一种蓝黄色的小鸟。

博德玛河是贯通首都华府的河流。

希斯承认有一位卡尔，或者名叫葛洛斯里的人曾借住他的公寓，并且于1935年出钱购买他的福特旧车。但他绝对不认识钱伯这个人。委员会的调查员发现，希斯是在1936年转换汽车所有权，而非他供称的1935年，证明希斯的证词有误差。委员会认为希斯的证词"暧昧"且"回避"（Vague and Evasive）。

"非美活动委员会"调查共产党渗透美国政府、新闻界和娱乐业，如火如荼。1948年，钱伯出示一叠共61件文书，全是国务院文件副本。它们的确是国务院在战时使用的文书。钱伯对媒体说，希斯拜托他把这些文书藏在住屋后院茶园中的几颗南瓜内，免得被发现。他表示，文书都是希斯使用打字机复制收集的国家机密。舆论一片哗然，称这批文书为"南瓜文件"（Pumpkin Documents）。

联邦检察官传唤希斯作证。宣誓后，希斯坚持他没有制造这批文书的复本，并且于1937年之后，再没有见过钱伯这个人。

联邦调查员派出300名干员循线索追查，却找不到希斯曾使用的那台厂牌Woodstock，型号N230099的旧打字机。

问题变得严重起来。原本众人争论的主题是希斯到底认不认识钱伯、究竟有没有参加美国共产党；现在的关键则聚焦于希斯是不是苏联的间谍，他有没有叛国？

1949 年初，检察官起诉希斯，罪名是作伪证。检察官没有控告他叛国，因为希斯可能是苏联的间谍一案，证据还不明确。但他的证言前后矛盾，并且有证人钱伯指控他，外加那些"南瓜文件"，足以证明希斯在宣誓后，曾作不实的供词。

5 月 31 日，华府的联邦地方法院开庭审判希斯。[①]

检察官的主要证人当然是钱伯。在证人席中，钱伯重述他与希斯相识多年，借用公寓、接受汽车、和他同时参加共产党，以及替希斯收藏那些"南瓜文件"等等。

钱伯身材短小，一口烂牙，没有受到良好教育，兼之语言粗俗，在证人席中，表现并不服众。

希斯的辩护律师则指出钱伯精神不正常、有同性恋倾向，不可信赖；相对地，希斯的名誉良好、对国家有贡献，没有出卖美国的理由。辩护律师更进一步指出，希斯"不可能"使用第 N230099 序号的 Woodstock 打字机去打字制作文件的副本，"因为在 1938 年以前，希斯已经将那台打字机送给朋友了"。

打字机变成审判的关键。

希斯上台为自己作证，宣称："我从来没有正眼看过钱伯这个人。"

辩护律师安排克特勒特（Catlatt）一家三口，夫妻和他们的成年孩子上庭作证。在证人席中，他们分别指出希斯早在 1936 年把一台用旧的 Woodstock 打字机送给他们。

审判结束，陪审团退庭讨论，费时三天依然无法得出结论。他们报告法官，陪审员们形成僵局（Hung Jury），没有共识。法官宣布审判流产（Mistrial），无法决定被告是否有罪。法官便另组陪审团，择期重新开庭审判。

事后一位陪审员透露，秘密投票的结果，8 票有罪，4 票无罪，而且彼此不能说服，形成僵局。4 位认为希斯无罪的陪审员不信任钱伯的证词，并且觉得使用打字机制造文件者，可能另有他人。

1949 年 11 月 17 日，法院第二次开庭审判希斯，由另一位法官主持，重新组成的陪审团听审。

调查局一直在寻找那台 Woodstock 打字机的下落，希斯也在寻找。他雇用了一位别人介绍的私家侦探协助追寻打字机。这台打字机的序号是 N230099，但希斯相信，他曾使用的打字机，无论排字和字型，应该都与"南瓜文件"印出的不同，这样便可证明，那些文件并不是他私自打字制造出来的复本。

在第二次审判开庭之前，私家侦探报告已找到那台打字机。于是希斯的辩护律师兴奋地通知主审法官，法官建议把打字机送到调查局的犯罪实验室去检验。

开审后，检察官改变原来的战术，在主要证人钱伯作证后，请他回避（证人作证完毕，可以留在法庭中观看），再传唤另一位证人。这人本来是苏联的间谍，投诚到美国来。在证人席中，这位前任间谍指出许多年前曾和希斯讨论怎样安排已经潜伏在国务院中的另一位间谍。

其他检方证人完成后，轮到辩护律师传唤证人，协助被告希斯平反。第一位是心理学家，指出钱伯精神不正常，喜欢说谎。

下一位由希斯亲自坐入证人席替自己辩护。他坚持"从来没有正眼看过钱伯"，钱伯不可能认识他。并且否认自己是苏联的间谍。

当检察官反诘问时，问希斯："你有哪些嗜好?"

答："读书、网球和在树林中散步。"

问："早晨去散步，是吗? 散步时做什么?"

答："我喜欢赏鸟（Omithology），尤其是蓝翅黄身莺（Prothonotary Warbler）。"

检察官便不再追问。

接着辩护律师请联邦调查局犯罪实验室的一位专家上台作证。律师期望那台由侦探找到的打字机的字型应与

"南瓜文件"的字型不同。

怀着希望，辩护律师询问专家："你测试过这台 Woodstock 牌打字机吗?"

答："仔细测试过。"

问："据你了解，这是谁曾使用的打字机?"

答："它曾是被告的打字机。"

问："研究过这台打字机的字型和字样吗?"

答："研究过。"

问："结论如何?"

答："我们把这台打字机印出的字型与呈堂的国务院文件打字复本相互比较后……"

问："比较的结果?"

答："完全一样。那份文件副本，显然是使用这架打字机复制出来的。"

这一段专家证词不但出乎辩护律师意料，更对被告希斯极为不利。②

辩方的举证完毕后，检察官还有机会传唤证人上台进行反驳。出乎众人意料，检察官再度叫钱伯上台作证。

他问钱伯："前面的证人们的证言，你都没有听到?"

答："我不在法庭中，无法听到任何对话。"

问："刚才被告的证词，你也没有听到?"

答："没有机会。"

问："据你了解，你的朋友希斯有哪些嗜好？"

答："他会在清晨起床到树林散步，观赏蓝翅黄身莺。"

事后陪审员告诉媒体，蓝翅黄身莺这种稀有鸟类鲜为人知，钱伯这种粗人更不太可能知道，所以他的回答使他们相信，被告确实认识钱伯。

审判结束，24小时之内，陪审团就达成共识。在法庭中他们宣布，判决被告希斯有罪，罪名是伪证。

一位陪审员告诉媒体，"鸟儿证明当时钱伯真的认识希斯。"

1950年1月25日，法官判希斯5年有期徒刑。

他的上诉，全部失败。

同年6月23日，朝鲜战争爆发。年底杜鲁门总统任期届满，不再寻求连任。民主党提名史蒂文森（Adlai Stevenson）竞选总统。共和党则提名艾森豪威尔，副总统候选人尼克松。竞选过程中，尼克松一再批评和攻击民主党"软弱"、"容共"、"向苏俄低头"。尼克松骄傲地指出，潜伏在国务院中的共党间谍希斯被他揪了出来。

11月2日，艾森豪威尔当选总统，尼克松当选副总统。

一位有才青年的殒落，是另一位野心青年的崛起。

希斯一直否认自己是苏联间谍，至死不移。

1968 年尼克松当选美国总统。这位"反共健将"先结束越战，然后对中国展开破冰之旅。

1986 年同为反共健将、共和党籍的里根总统颁赠钱伯"自由勋章"。当年里根是好莱坞的二流演员，也是检举影剧圈里"共产党和其同路人"的一名密探。

---

① United States v. Alger Hiss, 185 F. 2d 822, 1950.

② 律师在事前不知道证人将要讲的话，乃兵家大忌。

第五章
逃犯

1954 年 7 月 4 日，俄亥俄州海湾村（Bay Village）发生凶杀案。名医山姆·谢巴德（Samuel Sheppard）的妻子在湖滨豪宅的卧室中被人砍死于床上。她的丈夫谢巴德告诉警察，一名独臂蓬发的男子侵入家中，杀死他妻子后，曾和他搏斗，之后打昏他，在黑夜中逃逸。

1960 年代美国电视网播放一部连续剧《逃犯》（The Fugitive），很受观众欢迎。1993 年明星哈里逊·福特主演的电影《逃亡》也很卖座。连续剧和电影影射的人物都是当年的谢巴德医师。

谢巴德医师并没有逃亡。但他的遭遇却在美国舆论和司法界引起极大波澜。因为这桩案件，最高法院还颁布了一份历史性的判决。

　　警探们接到谢巴德的求救电话，连忙赶到宅邸。谢巴德医师告诉他们，晚餐后他在楼下餐厅的长沙发上睡觉，忽然惊醒，发现屋内有一个黑影。黑影朝他攻击，他便与黑影搏斗，两人一路打到湖边。黑影将医师打落水中，然后逃逸。谢巴德医生供称："黑影是一个左手独臂，头发蓬乱的男子。"

　　谢巴德医师的手臂、额头和后颈皆留有伤痕。警察看到医师的衣服上有水渍和血迹，左手腕上的手表也沾有血液。医师解释，自己回屋后上楼，才发现妻子死在床上，他曾俯身试图挽救，所以衣服和手表才沾上妻子的血液。

　　医师的妻子名叫玛云琳（Marilyn），头部右边有数处伤口，头脸肿胀，不成人形。枕头被血染红，床旁的衣柜门上，溅了数滴血液。房屋并没有外人入侵的痕迹，财产大致没有遗失，不像是抢劫犯罪。

　　警探立刻怀疑，谢巴德医师自己就是凶手。既然目标是医师，他们便没有仔细搜寻第三者的指纹或血渍。

　　天亮以后，媒体记者闻讯赶来探访，挤满邻里。一时流言四起，众说纷纭。

　　谢巴德医师的别墅在克里夫兰城（Cleveland）郊外。克里夫兰是俄亥俄州最大的城市。在警察调查期间，克里夫兰第一大报《克里夫兰新闻》每日以大篇幅报道。内容充满猜疑、想象、谣言和主观意见。7月8日，报纸的社论指控谢巴德不愿配合警方，第二天批评警察工作不力，到7月10日，报纸更公然主张医师就是杀妻犯，并且呼吁法医赶快公布验尸报告。

警察开始侦查谢巴德医师的动机。不久他们发现医师有婚外情，便要求医师自白，医师仍然坚持原来的故事——独臂人攻击他并刺杀他妻子。医师否认有婚外情，媒体又花大篇幅报道讥笑他说谎。

8月16日，检察官起诉谢巴德谋杀妻子玛云琳。

1954年10月18日，法院开始审判程序。这时全国媒体，连电视新闻和"名嘴"也加入播放医师杀妻的可能。主审法官是位七十多岁的老法官，他对广播记者说："这家伙绝对有罪，这案子没有审判的必要。"老法官完全不在乎陪审员是否有偏见，不把他们与外界隔离，也没有禁止他们看报纸与电视。报纸甚至公布他们的姓名和住址。他们接到许多来信，鼓励他们判被告死刑。

开庭的时候，法庭中挤满观众，记者离陪审团的席位只有几尺远，法庭内人声喧哗，证人讲话时，旁观者纷纷起哄。主审法官亦完全不在乎外界对陪审团的影响。

"记者席被安排在法庭前方，靠近陪审团，在陪审团席位附近，设置电视、广播站……记者自由出入法庭，引起

混乱……记者们可听到被告与律师的交谈……陪审员可以看
新闻和打电话……主审法官没有设法控制法庭的秩序……"[1]

检察官的论点，是谢巴德和妻子因为他的婚外情而起
口角，谢巴德便杀死妻子玛云琳，以便与情人结婚。

辩护律师的策略则着重证明谢巴德身上的伤口不可能
是自己制造的。若是如此，即能证明他的故事是真实的，
因为第三者攻击他和妻子。但辩护律师却忽略了犯罪现场
的科学证据。

检察官的关键证人是验尸的法医。在法庭证人席中，
法医描述犯罪现场，死者是被利器而非钝器刺伤头部致死。
他强调，伤口显示，凶手使用"外科器具"刺死玛云琳。
法医主张，卧室内衣柜门上沾的几滴血，大部分是死者被
攻击时喷溅在门上的血液，"但其中至少有一滴是被告的
血"。

检察官传唤一位血液专家出庭作证，指出谢巴德左手
腕戴的手表和表带上沾有死者的血液，从形状看，应该是
喷溅上去的血，这表示被告是在击打他妻子时，沾上了从
她伤口喷出的血。

检察官传唤谢巴德的情妇出席作证。她也承认与谢巴
德有染。

法医的一位助理作证，谢巴德的血型是"A"，玛云琳

是"O"，而谢巴德衣裤上的血迹都是 O 型。

轮到辩护律师时，他安排两位专家在庭上指出，谢巴德身上的伤痕不可能是他自己造成的，尤其是颈后的瘀肿，显然是遭第三者击打的结果。

辩护律师让谢巴德医师上台，为自己作证。

被告在证人席中，自告奋勇解释那天出事的情景，包括和"独臂人"搏斗，被打到湖水中，醒来后回屋发现妻子被杀等等。

在证人席中叙述的被告显得冷漠无情，他的证词欠缺说服力。检察官反诘问他，一再强调他的婚外情，以及他与妻子不和的事实。检察官这样逼问："事实上你杀死了你妻子，不是吗？"

被告回答："不是的，先生。"

问："杀死妻子后，你跑出房屋，跑到湖边，在台阶上反复撞击，制造身上的伤痕，对吗？"

答："绝对不正确，而且对我非常不公平。"

作结论时，检察官对陪审团提出一系列问题，请他们考虑："独臂人一拳就将他打昏了吗？被告何以不记得许多细节？家里为什么没有搏斗的破坏痕迹？"

从陪审员们的表情可以看出，他们似乎都被说服了。

辩护律师仍然强调检察官欠缺直接证据。"调查了半年，审判了几星期，他们到底证明了什么?"他问。

陪审团闭关讨论 5 天，判被告山姆·谢巴德有罪。

法官随后判他无期徒刑。

谢巴德被关进重刑犯监狱。

一个月后，他的母亲自杀身亡。不久，他的父亲胃溃疡病死。三个月之后，玛云琳的父亲也自杀而死。

谢巴德向俄亥俄州上级法院上诉，全部失败。[②]

《克里夫兰新闻》的主编更发表文章，自称对破案有重要贡献。

几年过去，原先的辩护律师病死之后，谢巴德在狱中联络到一位新出道的年轻律师，名叫李·贝利（F. Lee Bailey）。贝利答应尽力帮他上诉到联邦最高法院。

想上诉到最高法院，必须提出理由，说明地方的审判违反了联邦宪法。否则最高法院接受上诉的机会不大。

贝利律师却找到了理由。他主张当年在俄亥俄地方法院的审判，好像马戏团一般，违反了谢巴德的宪法权利。宪法保障人民有权要求法院遵循"正当程序"，给他们"公平审判"。贝利律师主张，被告谢巴德在俄亥俄的法庭中，没有得到"公平审判"。

华府的联邦最高法院，接受了他的上诉，择期开庭，听取两方的辩论。

1965 年，俄亥俄州的总检察长亲自出马，代表州政府到首都华府出庭最高法院，替他们的地方法院辩解。贝利律师则代表正在服刑的谢巴德医师出庭。

最高法院的 9 位大法官现在面对的，不仅是谢巴德的命运，同时也是重要的宪法问题：新闻和言论自由（第一修正案）；另一方面，宪法中明文保障人民被追诉时，他们期待"正当程序"的权利（第五修正案和第十四修正案）。当两项基本权利相互冲突时，孰轻孰重？

1966 年 2 月 18 日，最高法院宣布判决。详细描述当年俄亥俄州地方法院开庭的过程，最高法院决定，被告谢巴德没有获得公平的审判："地方法院容忍'偏袒的公共报导（Prejudicial Publicity）'，侵害了被告的宪法权利。"最高法院以 8 票对 1 票的决定，撤销原判，命令重审。

"言论自由应该获得广泛的尊重，但必须符合有秩序和公平地执行司法；尽管如此，自由言论不应该误导法院审判，审判的目的无非是依照法律程序、基于在法庭公开接受的证据、公平地解决争讼。"③

"用大幅的偏袒报导……"最高法院继续说："令被告不能获得公平的审判"、"主审法官应该规范新闻记者在法庭中的活动——法官应该将陪审员们隔离，禁止律师、证人、警察、政府职员，对外界释放谣言或偏袒的讯息"、

"当时在法庭发生的一切情况，皆妨害了被告获得公平无偏的审判"。

1966年10月24日，俄亥俄州地方法院开始重审谢巴德医师杀妻案。这一次由一位年轻的法官奉命主审，他选择12位毫不知情的男女担任陪审员，并让陪审员们待在旅馆，完全与外界隔离；他也不准新闻记者在法庭中拍照或活动，并警告媒体，在审判进行中，除非由法官许可，不准报导；这位年轻法官严格地控制法庭的秩序，让审判在庄严的气氛中安静地进行。

检察官的策略与12年前一样，先请当年的法医在证人席中描述玛云琳的伤势，指证被告是杀人犯。

谈到伤口，辩护律师这样反诘问法医："当年你作证，杀人凶器是一把'外科手术器具'？"

法医答："是的。"

问："找到那把器具了吗？"

答："我在全国各地到处寻找，始终没有找到凶器。"

问："当年的案情是你随便猜测的，是吗？"

答："绝对没有。"

问："死者的伤口，大部分在她头脸的右侧？"

答："是的。"

问："死者被人以凶器击打她的右脸和右额？"

答："应该是。大部分伤口都在右边。"

问："你知道被告惯用右手还是左手？"

答："并不重要。"

问："是吗？被告惯用右手，你知道吗？"

答："……"

法医作证完毕，检察官安排血液专家作证。专家表示，被告左腕手表上的血迹，应该是被告动手杀妻时，被妻子的血液喷溅沾上。

辩护律师反诘问这位专家："死者的血液从她伤口中喷出，溅到被告的手表上面？"

专家答："当然，我刚才解释过。"

问："那血液应该不会喷到手表后方或表带里层，因为被告的手腕与手表背面及表带里层紧贴在一起，是吗？"

答："以前我没有注意到这点。"

问："这些血液斑点，是被告俯身挽救他妻子，用手触摸她的咽喉，血液浸到他手腕时所留下的，你有不同的解释吗？"

答："……没有。"

辩护律师使出最后一招：请另一位血液专家作证。这位专家指出，卧室衣柜门上的几滴血，大部分是死者玛云琳被殴打时喷出，但根据血型鉴识，其中一滴既不是死者的血，也不是谢巴德的血。那一滴血，显然属于第三者。

12 年间，血液科学进步了很多，专家们能验出不同的血液间细微的差异。

这一回被告谢巴德聪明地选择，不再上台替自己辩护。

11 月 16 日，陪审团宣判被告谢巴德医师无罪。法官将他释放，还他自由。

谢巴德出狱后重新开业，但技术已经退化。两位病人被他开刀后死亡。长期酗酒的结果使他双手颤抖，不能再替病人动手术。谢巴德医师的生命，从此失去了目标。

1970 年 4 月 6 日，谢巴德猝死在自家厨房中，享年 40 岁。死时脸上含笑。

1966 年以来，美国各级法院在开庭时限制媒体的活动和报道。陪审团一概与公众隔离，法官严厉控制法庭内的秩序，开庭时一片肃静。法院的运作，皆遵守最高法院在"谢巴德案"判决书中的指示。

---

① Sheppard v. Maxwell, 384 U. S. 333, 1966; Sheppard v. Ohio, 352 U. S. 910, 1956.

② State of Ohio v. Sheppard, 100 Ohio App. 345, 1955.

③ Sheppard v. Maxwell, 384 U. S. 333, 1966.

第六章

毒树的果实

从 1961 年开始，联邦最高法院明确禁止全国所有法院使用非法扣押的犯罪证物，称为"排斥规律"（Exclusionary Rule）。[①]

现在有一个问题：警探非法拘捕一个人，而这个人供出另一个人，警察循线索找到第二个人，并且搜索到犯罪证据。"排斥规律"适用吗？检察官可不可以在法庭中提出这种证据呢？

在旧金山市"李文渥斯街"117 号曾有一家洗衣店，店主名叫詹姆斯·蔡（James Toy）。政府的缉毒特派员根据情报，认为他在店内藏有毒品。一天清晨，5 位缉毒员破门而入，铐住蔡的双手，逼问他毒品何在。蔡某回答，他没有毒品，不过另有一人，叫钱宁·余（Johnny Yee），住在第十一街，是个毒品贩子。于是缉毒特派员涌到余某的住宅，拘捕了他，并且在屋中找到毒品。

在警察局中，余某招供，承认他从事贩毒，但指出毒品来源是另一位华人，绰号"海狗"（Sea Dog），真名王松（Wong Sun），是一家餐馆的老板。当天破晓，特派员赶到王松家中逮捕他，带回警察局讯问，同时在王松家中也搜出一些毒品。

检察官将他们以贩毒罪名分别起诉。

起诉之后，法院择日开庭，法院准许三个被告交保回家候传。开庭之前，缉毒特派员们继续调查。

过了三天，王松自动跑到警察局找特派员谈话，企图替自己脱罪。回答问题时，王松说了许多话，解释自己的事业和家庭，强调没有贩毒赚钱的必要。其中有一句自作聪明的申辩："……我把那些毒品放在家里，只是替朋友保存，没有贩卖毒品的意图。"特派员又问王松是否从钱宁·余那里拿到金钱。王松承认曾收钱，但坚持与毒品无关。

地方法院开庭审判钱宁·余和詹姆斯·蔡时，他们主张当时缉毒特派员没有出示拘捕状和搜索状，却拘捕他们并擅自搜索他们家中。所以被扣押的毒品是违法的证据，应该被排斥，不应当在法院中提出。王松在法庭中也提出了同样的抗议。

地方法官驳回他们的异议，准许检察官在法庭中提呈搜索到的毒品，以及三人对警方所作的口供。陪审团看到毒品并听取他们的口供，判他们三人有罪。

钱宁·余和王松不服上诉，一直将官司打到联邦最高法院，经过开庭审讯之后，最高法院判决：钱宁·余的有罪判决应被撤销，发回地方法院重审；至于王松的有罪判决，最高法院决定维持原判，也就是说，地方法院的判决是正确的，不必推翻。

为什么两个被告最后获得差别待遇？

最高法院认为，缉毒特派员拘捕三人时，都没有事先取得法院的拘捕令和搜索令，所以都是非法的行为。因为宪法第四修正案要求，除非持有拘捕状或搜索状，政府不可拘捕老百姓或搜索他们的房屋。

拘捕钱宁·余既然不合宪法程序，于是由拘捕他到搜索他的住处而取得的毒品，都是非法拘捕的结果，警探们白忙一晚。最高法院称那些证物都是“毒树的果实”（Fruits of a poisonous tree）。所以当时的地方主审法官，应该排斥那些证据，不可在法庭中使用。

因此，连钱宁·余被捕一事，都是“毒树的果实”，因为特派员从拘捕第一个嫌疑犯，也就是詹姆斯·蔡时，就没有出示拘捕令，所以连带着钱宁·余也是非法逮捕。

所以最高法院驳回地方法院的原判，命令原来的法院不可接受有毒的证据，但可以依赖其他合法的证据重审钱宁·余。

王松则没有那么幸运。特派员匆忙拘捕王松，是根据钱宁·余的招供。既然警方拘捕钱宁·余不合法，那么警方拘捕王松也当然是不合法的。王松被捕，也是所谓"毒树的果实"。但王松被起诉之后，自忖可以瞒过警探，隔了几天自动到警察局去对话，言多必失、弄巧成拙，不小心承认自己家中的确藏有毒品，并且自己曾经出卖那批毒品，收受金钱。最高法院认为，"王松主动合作，切断了非法拘捕和他自白之间的因果关系。"他的自白已不算是"毒树的果实"，地方法官便准许检察官在审判时提呈他的自白口供，陪审团确定王松的有罪判决，并没有违反宪法。②

王松终究被判有罪，坐了几年牢。但他和钱宁·余的上诉都造成重要的判例。

联邦最高法院确定，必须遵守"排斥规律"，不准在法庭使用非法搜得的证物。不仅如此，"毒树的果实"也一概不准用为证据。并且，非法拘捕所引出的言词也属"毒树的果实"。"排斥规律"向来便要求法院排斥有形的证物（例如被非法搜获的海洛因）。但从现在开始，被非法拘捕的嫌疑犯在调查过程中所作的言词，以及他的言词所产生的后果（循线索找出其他嫌疑犯），也都是"毒树的果实"，一概不准在法庭中使用。除非如王松的情况，被告主动合作自白，切断非法拘捕搜索的路线，截断了因果关系。也就是说，被告的行为切断了"毒树"与"果实"之间的衔接。

钱宁·余在重审之前，与检察官妥协，用认罪的方式，换到几个月的徒刑。出狱后没有再犯罪。

王松的餐馆由其他人接办，经营几年之后歇业。出狱之后，王松的去向不明。

---

① Mapp v. Ohio, 367 U. S. 643, 1961.

② Wong Sun v. United States, 371 U. S. 471, 1963.

第七章

海湾台球厅

"在所有的刑事诉讼中，被告有权利享受……在陪审团前公开审判，告知罪名，质问指控的证人……以及请律师替他辩护。"

（美国宪法第六修正案，1791）[①]

美国南部佛罗里达州有个小城，叫巴拿马城，城里有一家"海湾台球厅"（Bay Harbor Poolroom）。1961年某个夏日夜晚，台球厅遭人破门而入，遗失一些啤酒和香烟。当地警察找到一位名叫库克（Cook）的证人，二十多岁，没有固定职业。那天清晨约5点左右，巡逻警车看到库克在台球厅附近，问他为何在黑夜中徘徊。库克指称目击一位微胖的中年人，名叫吉迪恩，"刚才破门进入台球厅，出来时右边口袋凸出，匆忙离去。"警车前往检查台球厅，果然曾遭人潜入，遗失 6 罐啤酒等物。

警察找到嫌疑犯，名叫克拉伦斯·吉迪恩（Clarence Gideon），是本城居民，中年白人。吉迪恩承认当晚曾在友人家打牌，清晨结束后步行回家，曾路过台球厅。于是警察拘捕他，由地方检察官起诉他非法潜入台球厅及偷窃罪。

地方的法院开庭时，吉迪恩表示他无钱雇请辩护律师，要求法官指派律师为他辩护。同时吉迪恩也否认犯下那些罪行。

法官拒绝他的要求，命令进行审判。吉迪恩便充当自己的律师，试图诘问指控他的主要证人库克时，不知所措，问不出所以然。审判结果，吉迪恩被判有罪，处刑 5 年。

1962 年 1 月 6 日，坐落在首都华盛顿的联邦最高法院接到一份手写的书状，来自佛罗里达州监狱。囚犯吉迪恩请求最高法院干涉并重审他的罪行。他表示自己没钱，但在初审时曾一再要求地方法官指派辩护律师，屡遭拒绝。"难道美国宪法不保障老百姓有权由律师在法庭中代理替他辩护吗？"吉迪恩并列举美国宪法第六修正案，其中明文规定被告有权由律师协助和代理，以及第十四修正案明文保障人民不经"正当程序"而受到不公正的审判，政府不得剥夺任何人的自由。吉迪恩表示，他正是被冤枉而正在服 5

年徒刑的囚犯。

最高法院的大法官们考虑吉迪恩的上诉时，发现事情并没有那么简单。前几年当他们决定将"排斥规律"扩张适用到全国各州各级法院时（Mapp v. Ohio, 1961），其实早在1914 年最高法院已设有前例，命令联邦法院在审判时排斥警察以非法搜索或拘捕所取得的证据。[②]所以将这项"排斥规律"扩张适用于各州的法院，似乎是更进一步，也可说是"顺理成章"。

然而"律师代理权"（Right to counsel）这一条却有不同的历史。因为在 20 年前，最高法院曾经面对与吉迪恩的遭遇相似的上诉，而法院拒绝那宗上诉（Betts v. Brady, 1942）。当时法院认为，"律师权"只是宪法保障在联邦法院中的权利，并不属于全国性的"正当程序"范围之内。也就是说，最高法院已有前例，除非是死刑案，其他普通刑事案件，不能将律师权扩张到各州的法院，各级法院都已遵守这判例 20 年之久。

那么吉迪恩是在要求最高法院推翻已经生效 20 年的自己的判决前例吗？

佛罗里达州的检察长代表州政府答辩吉迪恩的上诉状。佛州的主张很清楚：二十多年前最高法院早已决定，除非死刑案，"律师权"是联邦权而不受各州拘束。但那已是成例，而吉迪恩只面对 5 年徒刑，所以他的声诉没有宪法根据。佛州检察长的赌注，是今天的最高法院不至于推翻昨天最高法院建立的成例。

几天之后，吉迪恩寄来他的回答："没有律师协助，老百姓不能分辨什么是可信的证据，什么是传闻证据，什么证词可采纳，什么说词不应被采纳。没有律师的协助，无辜的我，没有得到公平的审判。"

9 位大法官决定深入研究吉迪恩的情况。于是他们指定华府一位著名律师福塔斯（Abe Fortas）替吉迪恩辩护。最高法院并指定一项课题：20 年前的判例（Betts v. Brady, 316 U. S. 455, 1942），是否应该被推翻？

Betts v. Brady 的前提在于，相信一般有常识的被告，在法庭中也可以替自己辩护，除非他不识字、精神不正常、智能障碍、身体残障或者面对死刑。所以一个普通被告，即便没有律师的协助，仍可得到公平的审判。因此，宪法要求的"正当程序"，在普通的刑案中，无须辩护律师的存在。

然而当福塔斯律师阅读佛州法院审判吉迪恩的笔录时，发现许多疑点，而这些疑点是律师在法庭中可以敏锐地把握，而常人却无法突破的。福塔斯律师觉得吉迪恩根本是无辜的，并且任何像样的律师应该都可以帮他开脱。然而地方法官拒绝指派律师去协助他，才导致他被判重刑。

这足以表示，Betts v. Brady 的前例已经不符现实。在所有的法庭中，无论是联邦法院还是地方层次的法院，没有律师的协助，审判不会是"正当的程序"。

福塔斯律师在书状中表达了这些论点，要求最高法院推翻前例 Betts v. Brady，并且更改命令"律师权"适用于全国各级法院和所有刑事审判中。

1963 年夏天，联邦最高法院以五对四票判决，推翻 22 年前的前例，宣布全国法院在任何刑事审判中，都须尊重宪法第六修正案，如果被告贫困，法院应指派律师替他们辩护。

同时最高法院将吉迪恩的判决发回重审，并命令地方法官指派当地律师协助吉迪恩，重新审判。[③]

辩护律师真的有作用吗？

当年 7 月，佛罗里达州地方法院奉令开庭重审吉迪恩。起诉的罪名仍然是非法破门潜入"海湾台球厅"及窃盗罪。

如果要知道律师在这场判决中的功效，可阅读审判记录。检方的主要证人还是年轻人库克。吉迪恩的新任律师对库克作出一系列精彩的"反诘问"。

律师问："库克先生，那天清晨 5 点，你为何在弹子房外徘徊？"

库克答："我在等待台球厅开门营业。"

问："是吗？大门上写明，每日上午 9 点才开始营业，不是吗？"

答："我不知道。"

问："你以前曾去过台球厅吗？"

答："许多次。"

问："曾经在清晨 5 点去过吗？"

答："……没有。"

问："库克先生，你的证词，是你看见被告偷走啤酒和香烟？"

答："是的。"

问："你作证看到被告离开时右边裤袋凸起，对吗？"

答："是的。"

问："有人的裤袋可以装进 6 罐啤酒吗？"

答："……"

问："库克先生，你身高 5 尺 8 寸，对吗？"

答："对。"

问："你作证当时你从台球厅窗外看到屋内，发现被告在店内偷窃，对吗？"

答："是的。"

问："是从东面的窗外向店内看?"

答："不记得是哪一扇窗口,但我确实看到了。"

问："你知道,店铺北侧没有窗户,西边也没有窗户,只有东南两边有窗口,但南面的窗口从内张贴了许多广告招牌,将视线挡住,从外面不容易窥看。所以只有东面的窗口,可以看到屋内,记得吗?"

答："大约记得,当时我从东面的窗口向内看,看到吉迪恩。"

问："你确定是从东面窗口向内窥看?"

答："确定。"

问："你身高5尺8寸。但从屋外量测,窗口离地有6尺高,你够得到吗?"

答："……"

问："库克先生,你有犯罪前科吗?"

答："没有。"

问："根据法院纪录,你曾犯窃盗罪?"

答："没有,当时法官判我缓刑。"

问："法官先判你罪,才有所谓的缓刑,对吗?"

答："不是那样的。"

问："所以你在撒谎，你这个说谎的人，你冤枉被告吉迪恩先生，不是吗？"

答："不是……"

重审的结果，陪审团判吉迪恩无罪。辩护律师的存在，确实产生不同的结果。宪法的程序保障，并不一定会让有罪的人借此逃脱，而是使法庭程序更为公正，让被告至少有辩解的机会，使社会对法院有更多的信心。

被释放后，吉迪恩仍然就业困难，依然嗜赌，离婚4次，育有子女3人，于1972年罹患肺病去世，享年62岁，已离家的子女将他下葬于德州。

---

① "In all criminal prosecutions, the accused shall enjoy the night to a public trial, by an impartial jury, and to be informed of the nature and cause of the accusation, to be confronted with the witnesses against him and to have the assistance of counsel of him defense." The Six Awendment to U. S. Constitution, 1791.

② Weeks v. United States , 232 U. S. 383, 1914.

③ Gideon v. Wainwright 372 U. S. 335, 1963.

第八章

小案的大后果

1973 年 1 月 11 日上午，联邦地方法院的资深法官斯瑞卡（Judge Sirica）升庭，法庭前两张长方形木桌旁分别坐着两批人。法庭后方的旁听席只有寥寥几位旁观者，以及一些记者，就像任何一个寻常开庭的早晨。唯一不同的是被告席中坐着 11 个人，其中两位穿着整齐，显然是辩护律师。书记官大声念出案件编号。

"早安，法官。"检察官起立："本案共有 9 位被告，其中 7 位已决定认罪；另外两位不认罪。"

"罪名为何?"法官问。

"非法潜入私人办公室，非法窃听他人电话等。"

"带那几位认罪的被告到庭前来。"法官命令。

法官分别问他们是否自愿认罪，告诉他们，一旦认罪，便接受处刑，放弃宪法保障他们应经过陪审团公开审判等各项权利。

对认罪的被告，法官裁示，另外定期宣布刑罚。

对另两位不认罪的被告，提醒他们的权利之后，定期选择12位陪审员，再开庭审判。

法官回到私人办公室，阅读起诉书后渐生疑问，为什么要集体潜入别人的办公室？法官决定暂不宣判刑罚，将被告们悬在半空中，也许会收到效果。

两星期后，斯瑞卡法官接到一封信，由其中一位被告署名，名叫麦克（James McCord）。麦克告诉法官，他们替白宫高层官员潜入他人办公室；那间办公室属于民主党总部；他们奉命装设仪器，准备窃听办公室的来往电话。麦克指出，幕后人物包括白宫的律师与共和党重要人物，联邦检察长约翰·米切尔（John Mitchell）。

麦克和他的同伴在1972年6月17日被拘捕。那天半夜两点多，他们潜入华府的"水门"大厦，进入民主党竞选总部的办公室。当他们正在安装电话窃听器时，被一位大楼保安发现，报警后全部拘捕。

1972年，共和党籍的尼克松总统正在竞选连任，对手是民主党候选人乔治·麦高文（McGovern）。

不肯认罪而要求陪审团审判的一位被告，名叫戈登·

利比（Gordon Libby）。他的级位很高，是"重选尼克松委员会"（Committee for Re–eleci Nixon）的首席律师。利比通过审判，抖出了全部的犯罪详情。

被当场逮捕的那天晚上，遭拘捕到警局的几位"小贼"都和"重选"委员会有关。几位都是来自迈阿密城的古巴移民，循着从他们身上搜出的钞票号码，可追溯到迈阿密一家墨西哥银行（Mexico Bank），而银行账户中的存款约 12 万元美金，都由"重选"委员会汇入。委员会的财务长后来作证，曾交给利比约 20 万美金的现钞，全是 100 元面额的钞票，也从几个被告身上搜获。

电话公司的记录显示，利比与另外几位被告一直保持联络，甚至到犯罪那天傍晚，有一位年轻人作证，利比等人给他钱，请他伴装送信，进到"水门"大厦和办公室，去探测地形和环境。

当几位被告在办公室内当场被捕时，他们身上携带着对讲机和窃听器。以对讲机与站在大楼外放哨的两人直接联络。外面两人其中一位名叫霍华德·亨特（Howard Hunt）。亨特竟然曾在白宫担任特勤人员，现在是"重选"委员会的高级顾问。出事之后亨特接受"重选"委员会主席米切尔（尼克松的老友，前司法部长）的指示，贿赂几位被捕的被告，叫他们保持沉默。

所以在开庭那天，他们都二话不说地认罪了。

后来在法庭中还有证人作证，听到利比气急败坏地说："我的人昨夜被捕，我犯了错误，得赶快弥补。"接着两天，他把自己办公室中的大批文件全部销毁。

1973 年 1 月 30 日，经过 16 天听证，一百多件物证和二十多位证人，陪审团宣判利比和共同被告麦克有罪，罪名是非法潜入和窃听电话。

主审法官斯瑞卡命令把两名被告关入监狱等待判刑。法官打算逼他们招供。利比不肯招供，法官判他 6 个月到 20 年有期徒刑；共同被告麦克曾写信给法官揭穿阴谋，又再次招供详情，被判刑 6 个月到 5 年。麦克完全合作后，法官将他减刑为 6 个月，并放他出狱，还他自由。

事件当然不会到此为止。地方法院的审判记录与媒体的发掘和报道，编织成一张大网，把许多白宫的高级官员都牵入。参议院开听证会调查真相，司法部任命"特别检察官"（Special Counsel）彻底调查，一路追到尼克松总统。

特别检察官发现，总统办公室中装置录音机，录下总统和幕僚的日常对话。检察官要求白宫交出全部录音纪录，尼克松总统拒绝合作。检察官上诉到最高法院，要求其命令总统合作，交出录音带。

1974 年 7 月 24 日，离"水门"案件整整一年，最高法院颁布判决，重申"本法院认可的法律，才是法律"，又宣布"没有人，甚至总统，在法律之上"；最高法院并命令白宫交出全部录音带。

录音带的内容显示，尼克松果然曾和高级助理商量如何设法付钱给几位刑事被告，换取他们的缄默，如何毁灭书面证据。

几天之后，8月8日，尼克松总统含泪辞职。

参与"水门"事件的人都被起诉，各人向法院认罪，均被判刑。前司法部长米切尔判两年半到八年有期徒刑。两位总统特别助理各处两年到八年徒刑。在"水门"大厦外面指挥同伙进入办公室的亨特被判两年半到八年有期徒刑。

起初一宗不足为道的普通犯罪——非法潜入民宅和窃听电话——竟造成轩然大波，也是案件之初众人始料未及的。

最高法院的一道判决，导致总统辞职。正如最高法院所指："行政特权不高于刑事被告的权利"，"没有人，甚至总统也不能高于法律。"①

---

① "No one, not even the President, is above the law." United States v. Nixon, 418 U. S. 683, 1974.

第九章

合理的怀疑

在美国中部俄亥俄州，华特·马丁和妻子依琳·马丁到超市买菜，回家后为花钱方式而争吵。争吵时华特·马丁曾用右手挥拳殴打妻子的头；妻子上楼洗澡更衣后，身着浴袍，自卧房抽屉中取出丈夫放置的手枪，下楼后见到丈夫马丁"站在楼梯前又要打我"，便举枪射击华特，她共开了5枪，其中3颗子弹射中丈夫，当场毙命。在法庭审理时，依琳·马丁作证表示，当时本来打算将手枪拿下楼去收藏，避免丈夫进卧室后如果再发生争吵，可能从抽屉中拿出枪来伤害她。事件发生于1983年7月23日。

俄亥俄州的法典规定，"故意而有目的地使他人死亡，构成谋杀罪"。其刑事程序法规定，政府在法庭中负举证责任，必须"超越合理的怀疑，证明犯罪的每一项构成要件"。（俄亥俄州法典 2903.1 条）。

被告依琳·马丁主张她当时是自卫杀人。俄亥俄州的法典规定，审理中被告主张"自卫"是"主动防御"（affirmative defense），也就是被告应提出事证，支持杀人行为是为了遭遇实时的身体或生命威胁，没有撤退或逃避的机会，反击乃是无可奈何的必要行为。法典要求"主动防御"应由被告负举证责任，在开庭中说服陪审团。

法院开庭审理凶杀案，陪审团不认为马丁太太的行为构成自卫，判她蓄意杀人的谋杀罪。

依琳·马丁的律师替她上诉，提出宪法疑问，声称俄亥俄州的法典将举证责任放在被告身上（需证明她是自卫），违反了宪法要求的"正当程序"，因为在法庭中政府应该负全盘的举证责任。也就是说，马丁太太当时是否在"自卫"，不应该由她来证明"自卫"的事实，而应由检察官（代表政府）证明她的行为"不是"自卫。法典既然错置举证责任，法院的程序错误，依据违宪条文即变成误判，应该改判马丁太太无罪或发回重审。

上诉过程中，俄亥俄州最高法院维持原判，马丁太太仍判谋杀罪。

争执既然涉及美国宪法的解释和适用性，马丁太太便上诉到联邦最高法院。1986 年 12 月开庭审理，1987 年 2

月宣判。

最高法院首先确定大原则：在法庭中，代表政府的检察官需举证，也就是提呈证据，证明每一项犯罪的构成要件。也就是说，俄亥俄州法典中所规定，需有故意杀人、行为有目的、并非在无知觉状态、行为产生结果（对方死亡），而其结果是法律明文禁止的（杀人罪）。其中每一要件都需经过证明。

证明的标准呢？证据必须明确到使陪审团不再有任何"合理的怀疑"，也就是说，陪审团对每一项犯罪要件的证据，都不存合理的怀疑。[①]

什么是"合理"的怀疑？它是基于普通常识和逻辑上不再存有疑点。"合理"指合于常理，而不包括迷信或灵异的疑问（例如天意唤她杀人，或有鬼神相助）。

最高法院认为，举证责任和合理怀疑两项原则，是英美法系的基石，是"正当程序"的要素。

然而有些特殊情况，会使表面上看似犯罪的非法行为抵销其非法性。譬如救火人员打破失火的房屋，虽然打破民宅表面是犯罪的行为，救火员却有法律授权，抵销其非法性。抵销犯罪有两种常见的情况，一是自卫，二是犯人丧失神智（Insanity）。这些情况，在法庭中称为"主动的防御"。换句话说，杀人行为如果属于自卫，使非法变为合法；杀人行为出于心神丧失，犯罪人没有形成"故意"或"目的"的精神能力，犯人虽负刑事责任却不必坐牢，而应送精神病院禁锢。[②]

最高法院认为，"自卫"作为一种"主动防御"，向来由被告提出证据，由被告去说服陪审团。在本案中，被告依琳没有说服陪审团，因为当时她并没有必要为保护自己生命而用手枪射杀丈夫马丁。马丁当时手无寸铁，而依琳也并非没有退让或逃避的余地。主审法官要求被告负责替自己提出证据，并没有误判。

俄亥俄州的刑法规定"主动防御"（如自卫和心神丧失）应该由被告负责证明，并没有违反美国宪法要求的"正当程序"，所以联邦最高法院判决，确定俄亥俄州的法庭程序和根据的法律，没有违反美国宪法。[③]

马丁太太被判无期徒刑，但 15 年之后，州长将她特赦，放她回家。

马丁太太的上诉虽然没有成功，却使法庭中举证责任的分配，得到最高法院明确的解释。

另有一种"特殊情况"也被最高法院拒绝干涉。它是酒醉之后的犯罪行为。

1972 年 7 月，男子詹姆斯·英格霍夫（James Engelhoff）在蒙塔纳州的山野中采集野菜，遇到一男一女，男名约翰，女名帕佛拉。采完野菜后，三人前往附近小城的酒吧中饮酒。三人痛饮了一天一夜，最后搭乘詹姆斯的汽车，在公路上兜风。次日巡逻警车看到路边停了一辆汽车，上前检查，发现前座躺了一男一女，头部各中一枪毙命，而在后座酣睡的则是酒醉的詹姆斯。

于是州检察官代表政府，以两项杀人罪名起诉詹姆斯。蒙大拿州的刑法规定，故意杀人构成谋杀罪，所以关键问题在于，被告在犯罪时是否"故意"为之。

地方的法院开庭审判，被告的辩护律师主张，詹姆斯当时酒醉失去精神能力，不可能形成故意杀人。检察官反驳，刑法条文并没有要求犯人事前策划、老谋深算，而政府仅需证明杀人的行为出于被告的主动行为。

被告詹姆斯仍然企图提供证人，说明当时他烂醉的程度。法官当庭排斥他的证人和证词。于是陪审团判决詹姆斯两项谋杀罪，并建议法官判他死刑。

詹姆斯不服上诉，指称地方法院排斥他酒醉的证据，违反美国宪法所要求的"正当程序"，并且又违反最高法院要求政府负举证责任的前例和大原则。

1996 年联邦法院开庭审理，随后宣布判决：维持地方法院的原判。最高法院认为，酒醉是人为所造成的精神状态，不值得同情。蒙大拿州的刑法，规定杀人罪需构成故意杀人，而当时的主审法官裁定陪审团在考虑詹姆斯有没有故意杀人时，完全不必考虑他酒醉的程度和影响，这裁定并没有剥夺詹姆斯的"正当程序"。最高法院认为，宪法的公律，还不至于开放到废除蒙大拿州的相关法律的地步，因为各州有自主权，决定怎样去规范喝酒和它的后果。④

除了这些极少数的"特殊情况"以外，"政府提证"和"合理怀疑"的宪法规定，是全国各级法院应该遵守的公律。

---

① 陶龍生著《合理的怀疑》以小说的方式叙述"合理怀疑"的生态。

② 行刺里根总统的嫌犯，法院认为他心神丧失而判他在精神病院中禁锢，见 United States v. Hinckley, 525 F. Supp. 1342（D. D. C. 1981），本书第十二章。

③ Martin v. Ohio, 480 U. S. 228, 1987.

④ Montana v. Engelhoff, 578 U. S. 37, 1996.

第十章

纤维和狗毛

　　1979 至 1981 年间，亚特兰大附近，一群黑人孩子们一个一个失踪或被杀害。25 名男孩中，最小的才 9 岁，被人殴打和窒息致死，同时好几位女童也遭殃。警探找不到嫌疑人，在许多死尸之间，只找到一些共同的线索——几条纤维、一些人发和狗毛。实验室检验这几根纤维，认为它们是带黄绿色的化学综合品。纤维有两种：自然品（羊毛、棉线）和合成品（尼龙、达克龙、聚酯纤维等）。那几根黄绿色的尼龙纤维，非常可能来自人造地毯。

　　起先几起案件的陈尸地点，有些在荒野，有些在后巷。另一些儿童则下落不明，媒体报道警方发现人造纤维之后，新的被害者开始被剥光衣服丢入河流中。警方判断，凶手可能看报之后改变了手法。于是警察开始巡逻城市附近的一条大河。

1981 年 5 月 22 日晚上，负责监视的警探听到重物被抛下河流的溅水声，看到桥上有一辆白色雪佛兰厂牌房车，停了一下，又很快开走。警车追上白色休旅车，发现驾驶人是韦恩·威廉斯（Wayne Williams）。他是一位年仅 23 岁的黑人业余摄影师。警察认识威廉斯，因为他想做记者，时常出现于警局，尤其喜欢到犯罪现场看热闹。

警探将威廉斯带回，讯问他最近的行踪。威廉斯闪烁其词，不能清楚答复。威廉斯承认他曾在桥上向河流丢弃一包垃圾，但使用测谎仪后，发现他不诚实。

两天后，一具黑人死尸在河中浮起。死者 27 岁，名叫卡特（Cater）。警探们立刻锁定威廉斯，取得法院搜索令到他家去搜索。他们发现威廉斯家中的地毯是黄绿色综合纤维，而且他饲养一只狗。

那个年代 DNA 技术尚未发展，对猫狗的 DNA 分析更不存在。然而从遇害儿童身上取得的一根狗毛，与威廉斯家中的狗毛看来相同。此外，几具死尸上找到的两根人发，排除死者自身的毛发之外，两根都与威廉斯的头发相似。

联邦调查局参与侦查，负责检验从亚特兰大送来的地毯样品，又请杜邦化学公司协助，认为地毯的制造商是一家波士顿的公司。地毯的出厂品牌为"惠曼 181B"（Well-

man 181B），出厂货品销售全国，原品没有染色，下游厂商
另加染料，制成不同色调的地毯，再出售给顾客。

调查局发现，将"惠曼181B"型地毯加工，染成黄绿
色再出售给顾客的厂商不多，而在乔治亚州只有一家名叫
"西点"的公司（West Point Corp.）。亚特兰大是乔治亚州的
首都，"西点"公司将地毯染成黄绿色，只做了一年，前后
卖出约一万三千平方米的地毯，全部在乔治亚州的市场。
据估计，全州只有82家住户铺有这种颜色和质料的地毯。

检察官决定起诉威廉斯。他们选择两具尸体，一具是
卡特，另一具则是杰米·潘（Jimmy Payne）。杰米·潘的身
上带有一根纤维，根据"通用汽车公司"分析，那根纤维
可能来自被告的白色房车后厢。"通用汽车公司"的科学家
认为，汽车后厢的地毯与那根纤维相符。科学家计算，死
者身上的纤维，不是来自车上地毯的概率，只有1:3828。

综合计算，那两根纤维不是来自威廉斯家用地毯和车
上地毯的概率，只有三千万分之一①。

开庭审理时，检察官传唤地毯分析师，"通用汽车公
司"的科学家、地毯厂商、统计学专家，叙述威廉斯必然
是杀人犯的高度可能性，又传唤其他证人，叙述威廉斯曾
认识其中几位死者，看到他们在一起，以及注意到被告手
臂上曾有不明伤痕。

辩护律师指出，没有任何直接证据。没有目击证人、没有血迹、没有死者的物品、没有被告的自白。然而辩护律师没有钱雇请相对的专家，无法突破检方专家们提出的统计数字和解释。这些数字显示，除了威廉斯之外，其他人杀害这位小孩和青年的可能性极小。

1982 年 2 月 27 日，陪审团只花 12 小时的功夫，就报告法官，已经达成共识。他们判被告韦恩·威廉斯犯两项谋杀罪。

法官判他两项无期徒刑。

FBI 随即宣布，已成功地侦破 24 宗连续发生的谋杀案②。

这件刑事案结束后，社会上争议不休。这是第一次使用统计数字证明犯罪的审判，也是第一次依赖地毯纤维的分析来破案。

统计数字是推论的基础，而不是直接证据。统计数字的解释，必须依赖一些大前提：例如在本案中，其中一项大前提，是杀人者必定住在亚特兰大市附近。有限的地理范围，使调查员掌握并推算有限的数字。倘若杀人者住在几十里或几百里之外，那黄绿色地毯的使用者便会大量增加，而不限于 82 家。

威廉斯是不是真正的谋杀犯？统计数字和地毯分析告

诉我们，他未杀害这些人的可能性极小，但并非不可能。

三十多年后的 2007 年，经他的律师要求，获得法院批准，由专家检验当年从一位死者身上找到的两根成人毛发，分析其中剩余细胞的染色体，再和威廉斯的 DNA 相互比较，两者亦相符。FBI 前任 DNA 单位的主管赫若·德曼（Harold Deadman）对 CNN 的记者表示，"测验的结果，排斥 98％的其他人士"。

本书第十八章叙述足球明星辛普森被指控杀人的故事。如果威廉斯拥有辛普森的资源和律师团队，那么这些数字和概率，足以判他有罪吗？

---

① Willams v. State of Georgia, 251 Ga. 749, 1983.

② 威廉斯上诉被驳回，上级法院详述事实和证据。Willams v. State 251 Ga. 749, 1983；Willams v. State 257 Ga. 150, 1987.

第十一章
底特律冤案

27 岁的亚裔男子陈果仁，在结婚前两天，和几位朋友到一家夜总会欢聚。那是 1982 年 6 月 19 日，地点是美国中部密歇根州底特律城高地公园区（Highland Park）。夜总会名叫"奇妙短裤"（Fancy Pants）。

陈果仁英文名为文生·陈（Vincent Chin），出生于中国，随母亲赴美，1965 年，在他 10 岁时取得美国国籍。和他参加派对的两位朋友叫罗伯·西洛斯基（Robert Sirosky）和盖瑞·科易伍（Gary Koivu）。

同时在夜总会的众人中，有一位中年白人朗诺·伊班斯（Ronald Ebens）和其继子迈可·尼兹（Michael Nitz），尼兹是失业的汽车厂工人。

当年日本汽车销入美国市场，美国汽车制造业受到打击，被称为"汽车首都"的底特律也产生大量失业工人。

后来陈果仁的桌边又加入一位朋友，名叫杰米·陈
（Jimmy Choi）。一伙四人饮酒作乐，欣赏舞台上的脱衣舞，
大声欢笑。邻座的伊班斯和尼兹出声干涉。有人听到伊班
斯叫陈果仁"日本佬"（Japs）。

陈果仁与他们叫骂，并提起一张座椅向邻座丢去。木
椅击中尼兹，受到轻伤。

两批人发生冲突，被夜总会的管事赶出门外。伊班斯
和尼兹到汽车后座拿出一根棒球棍。陈果仁等人见势不妙，
分头逃跑。两位白种男子在黑夜中追逐陈果仁，在几百码
之外，尼兹从后方拉住陈果仁，伊班斯持棒球棍击打陈果
仁，打中两次后脑，击中后背数次。

事后在救护车上，陈果仁曾短暂从昏迷中醒来几秒钟，
说了一句"不公平"后，再度陷入昏迷，4天后死亡。

警察拘捕伊班斯与尼兹，地方检察官起诉两人，罪名
仅是过失杀人（Manslaughter）。

几星期之后，被告与检察官妥协，由被告向法庭认罪，
而检察官则网开一面，向法官建议轻罚。法官判伊班斯和
尼兹缓刑，并罚两人各缴美金3780元罚金。①宣布判刑时法
官说："你们两人不像是应该坐牢的那种人。"

底特律的华人哗然。媒体大幅报道，不久陈果仁案受

到全国注目。

底特律有位年轻的女律师莉萨·陈跳出来组成"亚裔公平联盟"（Asian Americans for Justice），聚众抗议。她同时陪着陈果仁的母亲到首都华府去求情，经过安排，见到联邦司法部民权局的领导人威廉·雷诺（Willam Bradford Reynolds）。在舆论压力和正义需求之下，司法部派联邦调查局干员重新侦查案情，也找到一些证人。

然而，地方的法院既然已经宣判两位被告，便不能再追诉杀人罪（Double Jeopardy）。

1984 年 6 月 5 日，联邦政府司法部另找理由向联邦法院提诉，控告伊班斯和尼兹两人违反陈果仁的"民权"。起诉书指控两项罪名——"阴谋"进行剥夺陈果仁的民权（18 U. S. C. §241）；在公共场所威胁和攻击陈果仁干扰他享受民权（18 U. S. C. §245（2）（F））。[②]两项罪名最重要而共同的构成要件，是"因为'由于'被害人的种族或原国籍"。因此，伊班斯和尼兹在攻击陈果仁时的心态和意图，是不是因为被害人的种族，则成为法律上的关键问题。

被告可以承认殴打和杀人的过程，但如果政府一方（检察官）不能证明他们的种族歧视是杀人的原因，这场控告将会失败。

在法庭中，伊班斯和尼兹承认一切事实细节，只坚称他们是酒后失控，攻击陈果仁并非基于种族歧视，所以没有违反联邦法律的"民权法案"。

整个法庭审判的焦点，是两位被告的"犯罪意图"，也就是他们当时的犯意（Intent）。

检方的关键证人中，有一位是夜总会的脱衣舞女瑞辛·柯威儿（Racine Colwell）。审判中在证人席，她这样作证：

检察官问："他们争吵时，你在场吗？"

证人回答："我在舞台上看到他们争吵。"

问："听到他们之间的对话吗？"

答："听到一部分。"

问："请叙述。"

答："有人大声说：'因你们这帮混蛋……使我们失业。'"

问："看到说话的人吗？"

答："看到。是一位高个子的金发白种男子。"

问："这人今天在法庭中吗？"

答："就是他。"

检察官大声宣布："法庭纪录，证人指认被告伊班斯。"

另一位证人名叫派瑞，是当晚路过的行人。伊班斯曾建议付他20元，替他们"找那个中国家伙"。

陈果仁的三位朋友，也分别出席作证。三人的证词几乎相同，都说伊班斯称呼陈果仁为"中国家伙"。然而三个人描述听到这句话的地点却有出入。问题便发生在这里，因为三人的说词一致，详情却不同。于是辩护律师找到漏洞，反诘问证人如下：

辩护律师问证人杰米·陈："你和另外两位朋友，同样听到被告讲'中国家伙'，但地点不同，有人叫你们这样作证吗？"

证人回答："嗯……可以这样说。"

问："是谁帮你们准备证词？"

答："莉萨·陈。"

问："演练时留下纪录吗？"

答："好像有录音。"

辩护律师当场要求法官裁示，命令检察官交出相关纪录和录音带。被检察官拒绝之后，法官指示，政府不必提交录音纪录，因为莉萨·陈的声音是庭外的"传闻证据"，但辩护律师可以在法庭中追问证人在出庭前准备他们证词的详细历程。

检方传唤的另一位证人，是一位非裔黑人威利·戴维斯（Willie Davis），在证人席中，他说：

"1974年在一家酒吧前面，我正想进门，被一位白人拦阻，他对我说：'黑人不准进去，酒吧不欢迎黑人'。"

检察官问："你还认识那人吗？"

证人答："是的。"

问："此人在本法庭中吗？"

答："在场，就是那位（指被告伊班斯）。"

辩护律师跳起来反对，主张 8 年前的旧事与本案无关。主审法官驳回他的异议，裁示陪审团可以考虑这一段证词。

这些证人的证词，对被告非常不利。证据和律师们的交互攻防结束之后，主审法官向 12 位陪审员解释犯罪的定义和构成要件，全案交给陪审团闭门讨论。

陪审团检验证据，评鉴证人的可靠性，费时二十多天之久，才向法官表示达成共识。

在肃静的法庭中，陪审团宣判：尼兹无罪，但伊班斯有罪，罪名是干涉陈果仁享受民权。

法官随即判伊班斯 25 年有期徒刑。

伊班斯不服判决，立刻上诉。

他的律师主张，法官犯了错误，被告没有获得公平的审判。他们挑战法官的两项裁示：第一，证人的证词受到旁人教导，法官应该命令检察官公布全部录音纪录，让辩护律师有机会在陪审团面前诘问证人，检验证人的证词；第二，法官不应该接受黑人威利·戴维斯的证词，因为它发生于 8 年以前，并且与本案无关。

莉萨・陈教导三位证人作不完全真实的证词，却种下祸根。

1986 年 9 月 11 日，联邦高等法院颁布判决，推翻下级法院的原判，发回重审。[②]

高等法院详细叙述伊班斯和尼兹与陈果仁冲突的过程和两位被告杀人的细节，认为有充分犯罪证据，毫不留情。但是，高等法院认为下级法院的主审法官犯了几项错误，以致影响审判的结果，对被告并不公平。

关于莉萨・陈教导三位证人怎样作证，高等法院认为："录音带显示莉萨・陈对证人的影响……辩方可以置疑证人是否真实……对辩方非常有关且重要。陈小姐在录音带的声音，不是'传闻证据'，下级法院不应该拒绝在法庭中播放录音带，陪审员们应该听取，并作出独立的判断。"

"录音带中有一段，证人杰米・陈表示并没有听到伊班斯使用种族歧视的语言，……在庭讯中，辩护律师曾试图暴露这位证人的证词不真实。……主审法官错误地拒绝接受录音带证据乃是应该翻案的错误（reversible error），这项错误的裁决侵害了被告反诘问证人的权利。"

高等法院认为陈果仁的三位朋友——杰米・陈、西洛斯基和科易伍——都是关键证人。他们的证词指向被告伊班斯的种族仇恨。这是"民权"犯罪最重要的因素，然而莉萨·陈影响他们的证词，这种不正当的教导应该让陪审团知悉，并由他们评鉴，三位证人的证词是否仍然可信。

至于黑人威利·戴维斯的证词，高等法院这样解释："被告在过去的错误行为，不足以证明现在他必定会犯同样的错误……何况，证人的经验在 8 年以前，那时对他无礼的白人，不能确定便是今日的被告……这种证词是不可靠的。……主审法官应该排斥它，不准在法庭中提供。"

联邦高等法院命令下级法院重新开庭审判伊班斯。③

1987 年，联邦地方法院在俄亥俄州辛辛那提城重审伊班斯，罪名仍是干涉陈果仁的民权。

这一回检察官不能再传唤陈果仁的三位朋友，因为他们的可信度已被"污染"（tainted）。检察官传唤脱衣舞女瑞辛前来作证，但这时辩护律师发现，瑞辛曾因卖春留下犯罪前科，被捕后和检方交换条件才答应出庭作证，所以她的证词也有疑问。剩下的证人威利·戴维斯，再度出庭时支吾其词，不敢指认伊班斯便是 8 年前侮辱他的同一个人。

新组成的陪审团看不到任何有力的种族歧视证据，便判伊班斯无罪。杀死陈果仁的朗诺·伊班斯，没有坐一天牢，现居于拉斯维加斯，至今仍然不肯认错。

陈果仁的寡母，失望地回到中国，于前年去世。

---

① 联邦政府起诉伊班斯违反陈果仁的民权，Indictment of Ronald Ebens，Nov.
2，1983. New York Times，Nov. 3，1983.

② 联邦政府起诉伊班斯违反陈果仁的民权，Indictment of Ronald Ebens，Nov.
2，1983. New York Times，Nov. 3，1983.

③ United States v. Ronald Ebens，600 F. 2d 1422，1986. 法院判决书详述犯罪过
程，认为联邦地方法院有充分证据判伊班斯重刑，可惜审判被局外的"菜
鸟律师"破坏（教导证人），所以必须重审。

第十二章

精神疾病

1843 年，伦敦男子麦诺顿（M'Naghten）试图刺杀英国首相却误杀了首相的秘书。麦诺顿患精神分裂症，认为英国首相在迫害他。伦敦地方法院审判他，认为在射击的时候，他的精神疾病使他"不知道自己行为的后果，或不能辨别是非"（"He can not distinguish right from wrong."）。"麦诺顿"规则（The M'Naghten Rule）成为英国和美国殖民地法院的前例，美国法院遵守并沿袭法院的前例，所以至今这项规则仍被使用，评鉴刑事被告的精神状态。①

然而一百多年来，专家们对这项规则的准确定义争论不休。什么叫做"对"和"错"呢？刑事被告如欲主张他的犯罪行为出于精神疾患，当然要负责在法庭中证明这种精神状态。但他举证责任的程度如何？究竟仅须证明他

"大概"不能分辨对错，还是一定要证明到"没有任何合理怀疑"的程度呢？

1981 年 3 月 10 日，一名青年约翰·辛克利（John Hinckley）在华府希尔顿饭店大门口用手枪行刺新当选的里根总统。下午 2 点 25 分，里根总统在饭店内演讲完毕，步出大门，走向停在门口的礼车。周围有许多旁观者，而总统身旁有幕僚和随扈。有人叫喊"总统先生"，里根便转身向群众挥手。这时挤在人群中的辛克利突然连开 6 枪。第一枪打中站岗的警察；第二枪打中饭店门墙；第三发子弹射中总统身后的白宫新闻秘书；第四发子弹打中礼车；第五颗子弹打入秘密警探胸口；第六枪的子弹擦过礼车外壳，弹入总统胸口，深入他的肺脏。

警戒人员当场逮捕辛克利。

里根总统几乎送命，在医院急诊室中经过两个小时的手术后，医师取出弹头，救活了美国总统。

从检察官的角度，辛克利犯罪的事证明确，有众多目击证人，外加现场的录像记录。

辛克利来自富裕家庭，在石油公司担任高级职员的父亲也立即聘请律师团替辛克利辩护。

辛克利的辩护律师在法律上的选择很有限，只有一条路：主张辛克利有精神疾患。

精神疾患是一种"责任阻却"的方法，也就是说，被告精神错乱，无法形成故意犯罪，因此不构成法律明文规定的"犯罪"，不能负刑事责任。如果他的主张成功，那么辛克利不必服刑坐牢，而将被送到精神病院，长期禁锢。

所以"精神错乱"是免除坐牢的一项手段，但在审判中成功的机会非常小。在所有的刑事案件中，被告时常主张他的犯罪行为是患精神疾病的结果。但成功概率只有2%。

辛克利的律师向主审法官主张，被告在犯罪时，"因为精神失常而没有犯罪"（Not Guilty by Insanity）。如此一来，辛克利的精神状态则成为审判的关键。

辛克利是家中第三个儿子，父亲处事严峻，他从小依赖母亲。读书不杰出，没有朋友，是一个孤独的年轻人。曾就读德州科技大学，却于两年后辍学，靠母亲供应金钱，到处游走。他喜欢音乐，会弹吉他，崇拜英国"披头士"的歌手约翰·列侬，然而辛克利想做歌手的梦想也未成功。1980年12月8日，列侬在纽约被枪杀，辛克利深受打击，到当铺买了一把手枪，有时对准自己的太阳穴，幻想自己是列侬，企图几次自杀，都做不到。

男明星罗伯特·德尼罗和女明星朱迪·福斯特曾于1976年合演电影《出租车司机》，颇受欢迎。电影中福斯特扮演一位年轻妓女，被德尼罗从流氓手中营救出来。德尼罗扮演一位退伍军人，电影充满暴力情节。辛克利喜欢这部电影，看了 20 遍，非常迷恋女主角福斯特，并且常幻想自己是现实生活中的德尼罗，英勇救美。

这时福斯特进入耶鲁大学读书。辛克利便到大学校园去守候福斯特。在偶然场合见到福斯特两次，曾打电话给她，并不断寄送情书和情诗。

辛克利始终没有胆量向福斯特自我介绍，只能躲在阴影中暗恋这位女明星。

辛克利打算干一件惊天动地的事，以获得福斯特的注意和青睐。1979 年秋天，当时的总统卡特竞选连任，对手是共和党提名的里根。辛克利想先练习打靶，便带着手枪追踪卡特总统。有一次他在群众中，离总统不到二十尺，但提不起胆子开枪射击。

1981 年初，在外流浪的辛克利回到父母在科罗拉多州的家中。父亲赶他出门，叫他找到工作后再回来。辛克利住进小旅馆，偷偷和母亲会面几次后，决定搭飞机到华府。

母亲开车送儿子到机场。下车时，辛克利向母亲道别，"谢谢您多年的照顾"。当时母亲内心便隐约感到不安。

接着辛克利暂时住在华府的小旅馆中，从报纸得知新任总统里根 3 月 10 日将到希尔顿饭店演讲。

辛克利寄了一封信给福斯特表示爱意并且道别。信中表示自己将"为你"干一件大事，很可能会死亡，但希望福斯特知道他的心意。

当天下午 2 点 25 分，辛克利行刺里根总统。

辛克利有精神疾病吗？精神疾病会驱使他动手杀人吗？

主审法官指示，辩护律师应该依法证明上述两个问题，而政府检察官则必须证明"被告绝对没有精神疾病"。②

这是高难度的任务。要证明一个人没有患癌症，可以客观而正确地做到。然而要证明一个人没有精神疾病，很难有可靠的标准和准确的诊断。因为"精神疾病"的定义和范畴，几百年来也没有定论。

由于辩护律师主张辛克利患精神疾病，所以由辩方先提证人。他们传唤了 5 位专家证人，一致认为辛克利患严重精神分裂症，他的世界扭曲。一位专家认为辛克利从小就没有发展健全的自我意识，所以会自以为是歌手列侬，又自认为是电影中的德尼罗。"他跟随内心的世界剧本，一心一意要去营救朱迪·福斯特"、"当里根总统转身向群众招手时，辛克利以为总统在向他示威，所以便开枪射击"、"他自以为干了大事，福斯特就会了解他的内心"。

一位耶鲁大学的心理教授作证，根据他的测验（所谓明尼苏达多重人格数据 Minnesota Multiple Personality Disorder Inventory），辛克利的精神失常，在一百万人中也找不到一个。

法庭的高潮，是播放福斯特与律师对话的录像带，福斯特的回应如下：

问："请看法庭中坐着的这位辛克利，你见过此人吗？"

答："没有。"

问："你曾回复他的信函吗？"

答："从来没有。"

问："请你描述你和辛克利的关系？"

答："我与辛克利毫无关系。"

看到这一段录像，辛克利在法庭中大怒跳起，冲出门外，被法警抓回来。检察官传唤三位专家作证，希望反驳。他们一致认为，辛克利精神不正常，但没有恶化到不知自己行为后果的程度。其中一位专家说，在评鉴他精神状态时，辛克利这样表示："你知道，实际上，我在那里完成了使命。我应该觉得满意，因为我做了一件大事。都是为朱迪而做的。电影还没有演完。"

其实这一段证词，似乎帮助了被告，反倒使陪审团们觉得，这个被告精神的确产生幻觉，真的不正常。

陪审员们闭门讨论三天后，回到法庭宣布被告约翰·辛克利"因精神疾病无罪"。

主审法官命令将被告关进精神病院，唯一可以获释的条件，是他的病痊愈。③

迄今辛克利被关在精神病院超过 30 年。2003 年，他的父母亲向法院陈情，法官便准他一个月回家一天，但不准外出。2007 年起，他们要求回家时间延长为一个月，被法官驳回。

辛克利审判结束后一个月，美国国会通过法案，修改"精神疾病刑责"的法律，今后辩护律师负责，全盘举证，到"没有任何合理怀疑"的困难程度，法院才可判任何被告"因精神疾病而无罪"。新法律使检察官们比较容易阻挡这种辩护方法的功效。

其后 35 州的议会通过地方法律，将举证责任放在被告身上；8 州把罪名改为"患精神疾病但有罪"（Guilty but Mentally ill），而犹他州则立法废除这一项免除刑事责任的借口。

然而对精神病患者的法律考验标准，仍然遵循 1843 年的英国判例——麦诺顿规则——"犯罪时，被告有没有精神能力辨别是非，或了解他自己行为的后果"。

---

① The Queen v. M'Naghten, 4 State Trials N. S. 847, 1843. 美国法院接受"麦

诺顿"规则，United States v. Brawner，471 F. 2d 969 D. C. Circuit 1972.

② United States v. John W. Hinckley，525 F. Supp. 1342，1981.

③ United States v. John W. Hinckley，672 F. 2d 115，1982.

第十三章
旅行袋

一个黑色皮质旅行袋竟也能引起复杂的官司，劳师动众、劳民伤财之后，才彻底解决这件争讼。

美国东北部沿海有一个小州，叫罗得岛州（State of Rhode Island）。海边可见豪华别墅林立，是富翁们居住和度假的地方。其中曾经有一家人，女主人叫马莎·方布劳（Martha Von Bulow），靠祖产过着奢华的生活。马莎是再嫁，与前夫育有两个孩子，男孩名叫亚力（Alex）。马莎现任丈夫克劳斯·方布劳（Claus Von Bulow）比她年长 10 岁，原来是丹麦人，父亲曾是公爵，但祖产在战时被摧毁，所以克劳斯虽以贵族身份为荣，其实靠妻子度日。

富人的日常生活少不了醇酒美食，有钱而无所事事。喝酒之外，还吃药麻醉自己。克劳斯在外面还拈花惹草，用妻子的钱包养一位情妇。朋友们都知道夫妻两人时常争吵，马莎打算与克劳斯离婚，为了排遣郁闷心情，马莎吸毒、喝酒，又嗜吃甜食。

1979 年 12 月 26 日，马莎觉得身体不适，不久便在卧室床上昏迷。

马莎有位随身女管家，名叫玛丽亚·熊海默（Maria Schallhammer），是老家带来的忠仆，在公馆中当家作主，她看不起男主人克劳斯。

后来在法庭上作证时，玛丽亚描述女主人生病的情形：男主人一整天不理会妻子的病况，玛丽亚一再催促他找医师或将女主人送医，男主人皆不予理会。躺在床上的马莎昏迷了一整天，到傍晚克劳斯才召唤家庭特约医师。医师赶来检验马莎的病情，发现她呼吸困难，便将她送到医院急救。

医院里诊疗马莎的医师发现她的血糖极低，便注射葡萄糖，希望提高她体内的血糖。不料血糖量继续下降。这时医师们疑惑地发现病人体内有大量胰岛素，但是她却没有患糖尿病。经过急救和治疗后，马莎在医院中慢慢恢复。

有一天克劳斯不在家时，女管家进到他卧室，在衣柜中看到一个黑色皮质的旅行袋，长约八寸，宽约三寸，使用拉链开关。女管家打开黑皮袋，看到里面有三个小药瓶，其中一个瓶子上的标签写着药物"安定"（Valium）。[①]另一瓶装了蓝色药片，第三瓶则装有白色药粉。三个药瓶之外还有三根医疗用的钢针及玻璃灌药器。

女管家玛丽亚找到住在别处的亚力并告诉他这件事。亚力是马莎前夫的儿子，二十多岁，向来看不起克劳斯，认为他是吃软饭的寄生虫。

女主人出院回家后，大家相安无事。管家和儿子也没有告诉她这件可疑的发现。

来年12月21日，马莎照样喝酒吃糖，并且将9颗鸡蛋混入烈酒，一口气喝完，不久便感到不适，回卧室后倒在浴室中，陷入昏迷。医师们再度发现她体内又有超量胰岛素，这回使用药物解救，却不见效果，病人从此再也没有恢复意识。

得到坏消息后，亚力赶到母亲的别墅，会同管家玛丽亚，再到克劳斯的卧室去搜查。在衣柜中，他们看到那个黑皮袋。打开一看，除了原来的三个小药瓶，竟还有一根显然被使用过的针头。钢针上带有杂质，像是残余的药物。

亚力赶到纽约市，找到一位律师，名叫理查德·顾（Richard Kuh），曾任纽约市检察官。亚力告诉律师他的疑窦，并聘请律师替他调查。

律师约到一位私家侦探，名叫朗伯特（Lambert）。朗伯特主张先取得黑色皮袋中的物品，送到实验室去检验。

三个人一起开车到罗得岛州克劳斯的住处。趁他不在家，连同女管家一起进入他卧室。这一次没有那么容易，因为克劳斯已在衣柜上加锁，四个人无法打开柜门。

第二天他们雇了一位锁匠，再到别墅中，请锁匠打开铁锁。他们找到黑皮袋中的药瓶和针头。律师理查德·顾与亚力到罗得岛州的警察局去报案，指控克劳斯·方布劳意图谋杀他妻子马莎。警探们便循杀人未遂的方向调查。

检察官指挥警察局，把取得的药物和针头送到实验室去检验鉴定。不久，实验室送来报告：药物是安定和胰岛素，针头上确实带有剩余的胰岛素。

1981 年 7 月 19 日，检察官起诉克劳斯·方布劳两项罪名——1979 年意图谋杀妻子马莎、1980 年杀人未遂。

1982 年 1 月 11 日，法院选择陪审团，开庭审判。

克劳斯为什么想杀害马莎？

马莎打算与他离婚。如果离婚，克劳斯将失去现有的挥霍和享受，离婚时大约得不到多少赡养费，因为婚姻失败，是他婚外情导致。而且离婚将使他失去在高层社交圈出入的门径。

而马莎死亡对克劳斯有好处。他可以获得马莎超过两千万美金的财产，又可以恢复单身的自由生活。

被告克劳斯的手段，便是注射"安定"和"胰岛素"到马莎体内，造成她的血糖大幅降低，导致昏迷和死亡。昏迷是过程，死亡是他希望的结果。

检察官手上并没有直接证据，需依赖证人和测验药物的报告。主要证人是管家玛丽亚、儿子亚力、律师理查德·顾、私家侦探、特约家庭医师和医院医师以及药品专家。

被告有动机、犯罪有利益、手上有不明药物、死者体内有大量胰岛素、药品显然来自被告、被告私藏药物，并且有杀人工具（针头），看起来铁证如山。

检察官的关键是那个黑色皮袋；辩护律师的关键更是那个黑色皮袋。

开庭后，检察官安排女管家玛丽亚作证。她详细叙述家庭内的情形，主人不和，女主人生病和昏迷事故，以及她发现黑色皮袋和其中药物的全部过程。

辩护律师问她，当时和律师理查德·顾见面时，是否也告诉他同样的过程和细节。律师问："今天在法庭中讲的话，与过去你告诉别人的话，是否完全相同？"玛丽亚有信心地回答："绝对一样。"

于是律师对主审法官提出要求，请命令理查德·顾出示玛丽亚与他谈话的全部笔记。检察官立刻起立反对，主

张那笔记是律师与他的客户之间的谈话，视为机密信息
（Confidential Information），不能在法庭中公开。

主审法官当庭同意，理查德·顾手上的笔记，被"机密"法则所保护。

辩护律师要求传唤理查德·顾来作证，也被法官驳回。理由是，即令理查德被传唤到法庭，他也可以拒绝泄露他与玛丽亚谈话的内容。

接着由检察官安排实验室的专家作证，说明检验由警察局送去的几项药品的结果，证实其中确有"安定"和"胰岛素"，并向陪审团解释它们的性质和功能。

辩护律师又向法官表示异议，指出那些药物原来放在被告的私人皮袋中，搜寻黑色皮袋和药物，违反美国宪法所保护的隐私权。法官裁决，搜索的行为是玛丽亚和亚力的决定，他们是私人，不是警察，而黑色皮袋放在家中，是他们可以进出的房屋，所以没有犯法。法官容许专家们向陪审团介绍并解释这些药物。

辩护律师希望质疑玛丽亚的证词，以及阻止药物证据进入法庭的策略不能说服法官，策略失败。

1982 年 3 月 16 日，审判结束。陪审团讨论后，宣判被告克劳斯两项罪名有罪。法官处罚他 10 年徒刑（1979 年杀人未遂）和 20 年徒刑（1980 年杀人未遂）。②

消息立刻由媒体头条报道，传遍全国。

然而克劳斯仍然坚持自己是无辜的。他聘请新的律师替他上诉，包括一位哈佛大学的法学教授，另一位曾任联邦检察官。

经过整整一年，1983 年 3 月 15 日，律师团队向罗得岛州最高法院提状上诉。他们指出，地方法院的主审法官在审判中作过两项裁决，都犯了法律的错误，影响陪审团的评断、伤害被告的权利，进而造成审判不公。他们要求最高法院推翻地方法院的判决，发回重审。

哪两项错误呢？克劳斯的律师指出，律师与客户的谈话，的确应保持机密，法官不应命令将谈话内容公开。女管家玛丽亚与儿子亚力两人确是客户，但是他们和律师理查德·顾一起到警察局检举克劳斯，并且提供信息许多次，就等于他们已经主动对外公开他们之间的机密。另外辩护律师们主张，容许实验室的专家在法庭中提出并解释药品，也是主审法官的错误。因为警方"非法"搜取那些药品；非法获取的证物不应容许在法庭中展示。

这两项"错误裁决"成为地方法院是不是误判的关键，也是辩护策略的重点。

1984 年 4 月 27 日，罗得岛州最高法院宣布判决。地方法官不让被告看到律师理查德·顾手上的笔记，是不正确的裁决。因为笔记中可能藏有对被告有利的信息。检察官有义务向法院提供手上掌握的、对被告有利的证据，这是宪法要求的义务。虽然法律也保护客户和律师间的机密，但刑事法庭的公正，比这种机密更重要。何况，当他们向警察报告和私家侦探合作时，已经泄露其中的机密，等于主动放弃客户和律师之间谈话的秘密。

所以当时主审法官拒绝命令理查德·顾交出他的笔记，是错误的裁决。

至于实验室的检验结果和专家们的解释，最高法院也认为，不应该容许在法庭中提供给陪审团。原因在于，女管家和被害人之子，以及律师和私家侦探到克劳斯的卧室中搜索，因为是私人在自家的行为，尚可说得过去，然而他们将黑皮袋里的药品送到警察局，并由警察打开那些药瓶，登记之后再把瓶内取出的药物送到实验室去化验，这一刹那，已构成警察搜索并扣押克劳斯私人财物的行为。但是，警察并没有事前取得法院的搜索令，而没有搜索令的搜索行为，是违反宪法的不当行为。所以，地方法院的主审法官应该排斥这些证据；法官有义务排斥检方非法取得的证据。因此当日法官容许专家证言，是错误的裁决。[③]

这两项错误的裁决，影响陪审团的评断。最高法院命令撤销原判，发回重审。

1984 年 9 月 23 日，地方法院奉令重新审判克劳斯·方布劳。④

检察官希望比照第一次的策略，但重要证据缺了一环。最高法院已宣布，实验室的药物分析是非法搜索的结果，不准在新的法庭中使用。

因此他们只有依赖女管家玛丽亚、儿子亚力及医师们的证言。

玛丽亚在证人席讲述了同样的故事。

这回辩护律师握有利器，就是当年她和律师第一次谈话的笔记。理查德·顾已经奉命交出来，一份给法官，一份给辩护律师。

手上拿着这份笔记，律师诘问玛丽亚："当你向理查德·顾律师描述你在黑色皮袋中看到的对象时，你提到了安定，对吗？"

答："是的。"

问："但你没有提到胰岛素？"

答："有的。"

问："是吗？笔记没有记载胰岛素这个字？"

答："哦，我没提，因为胰岛素不重要，马莎主人又没有糖尿病。"

问："你也没有提到使用过的针头？"

　　答："大概忘记提了……"

　　问："你后来才想起的吗?"

　　答："是的。"

　　问："距离事情的时间越久,你的记忆越清楚,是吗?"

　　答："嗯……不一定的。"

　　问："你曾对外人撒谎吗?"

　　答："没有。"

　　问："关于女主人的私事,你对外人说谎吗?"

　　答："那是因为忠于女主人,为了保护她。"

　　那本笔记是新武器,成为反诘问检方关键证人的依据。

　　检察官安排儿子亚力上台作证,他也重述他的怀疑和调查克劳斯的过程,表示自己完全依赖证据,秉公办事,没有伤害克劳斯的意图。

　　辩护律师指出,他当初和理查德·顾的谈话,记载在笔记中,然后问亚力:"在你母亲第二次昏迷之前,你曾和祖父母及你的妹妹商量怎样对付克劳斯吗?"

　　答："讨论过,不记得详情。"

　　问："你们打算给他一笔钱,叫他离开?"

　　答："好像是,家人闲谈而已。"

　　问："你对祖父母表示,无论用什么手段,一定要赶走克劳斯,永远不再看到他?"

答："记不清楚了。"

问："送他去坐牢，20年或无期徒刑，便能永远不再看到他，对吧？"

答："我没有这么想过。"

检察官请马莎的特约家庭医师上台作证。医师回忆，马莎的血糖大幅下降，引起昏迷和失智。他认为病人体内有太多胰岛素，怀疑克劳斯曾向病人注射药物。

辩护律师这样诘问医师证人："体内血糖大量减少，可能是病人自己生活方式造成的，对吗？"

答："有这种可能，但同样也不能排除被外人注射胰岛素的可能。"

问："马莎喜欢吃甜品和喝烈酒，甚至大量吞食阿司匹林药丸？"

答："是的。但她没有糖尿病。"

问："过量摄取甜食和烈酒，会造成内分泌不平衡，影响血糖的升降？"

答："是的。"

问："病人遭外人注射胰岛素，是你的猜测？"

答："是我的职业判断。"

问："你曾仔细检查过病人，她身上有没有被注射过的针孔？"

答："没有检查。"

问："当钢针插入病人的肌肉，注射药品后再抽出来，针头表面经过皮肤的摩擦，应该是光滑干净的，是吗？"

答："是的。"

问："为什么在黑皮袋里的那根用过的针头，上面还带有残余的药渣呢？"

答："我无法解释。"

解决这位医师证人之后，辩护律师聘请 7 位其他医师和药物专家轮流上台替被告作证。他们每一位都检查过昏迷在病床上的马莎，在法庭中一致表示，病人体里并没有过量的胰岛素或来自体外而残余的"安定"。

1985 年 6 月 30 日，陪审团秘密讨论之后，报告主审法官，宣判被告克劳斯·方布劳无罪。⑤

克劳斯恢复自由后，仍然居住在别墅中，马莎的儿子和女儿找律师到民事法院去控告克劳斯疏忽妻子马莎，导致她昏迷和失智。经过一段斗法，两方秘密和解，克劳斯答应和躺在病床上的马莎离婚，放弃财产继承权，并且不再于美国居住。官司结束后，他迁居英国伦敦。马莎的儿女于 2007 年将她的遗产（包括那栋别墅）以 1300 万高价出售。

2008 年 12 月 6 日，昏迷 28 年的马莎·方布劳死在病床上，得年 76 岁。

即使是合法取得的药瓶，只要交给警察，警察一旦打开瓶盖，取出药品，"搜索"行动便告成立。如果事前没有向法院取得搜索令，便是非法搜索。这是突破性的判决。

黑皮旅行袋害了克劳斯·方布劳，却也在最后关头反过来救了他。

---

① 安定（Valium）可使服用者安眠，是中枢神经抑制剂。

② State v. Von Bulow, 447 A. 2d 380, 1982.

③ 此为"毒树的果实"，见本书第六章。

④ State v. Von Bulow, 475 A. 2d 495, 1984.

⑤ State v. Von Bulow, No. 82 – 462 – C. A., 1985.

第十四章

英语与华语

"竹联帮"是我国台湾地区帮派团体，它的成员大部分是商人。1984 年 10 月 15 日，居住在加州旧金山湾区的一位作家亨利·刘（刘宜良）在住所门前遭枪击致死。这件凶杀案后来引起美国和我国台湾地区之间的风波。美国司法和舆论界相信竹联帮的领导人物参与其事。其中有几位在美国居住，警方便开始注意他们的行动。

1985 年 9 月 18 日，纽约辖区的联邦检察官，起诉 11 名竹联帮成员。罪名是意图贩卖毒品，以及众人"阴谋"企图从外国向美国进口毒品。

"阴谋"（Conspiracy）是独立的罪名。两人或两个以上的人，有共同的意图，具体地进行犯罪行为，便构成"阴谋"罪。参与阴谋的人，不必同时同地在一起商量或行动。

只要众人有共同的意图，一起或分别进行，以达成犯罪需要之行为，便是"阴谋犯"（Co – Conspirators）。

譬如两个人商量去抢银行，一人准备手枪，第二人准备面罩。另有一人稍后知道此事，与前面两人中的一位讨论，决定参加并负责准备逃逸的汽车。虽然第三人并未同时参与，而第一人甚至不知道他的参与。即令事败，没有找到机会真的去抢银行，三个人依然属于"阴谋犯"。

又比如搭火车。好几个人都想达到同一个终站。列车行进中，有人中途下车；有人半路上车。但这几个人有共同的意念，而那终站是"犯罪"，他们都属"阴谋犯"。

亨利·刘的谋杀案不是本章的重点。我们的焦点是那11位"阴谋犯"的命运。关于刘案的书籍和传言甚多。这里的描写只根据一条数据源：联邦法院的档卷和法院的判决书。①

这11位被告在法庭中遇到两项问题：其一，他们中了警察的圈套，信任两个卧底的内奸。其中一位叫史提夫·王，是卧底的网民，另一位名叫罗伯·宗，是内线警员（Undercover Police）；其二，被告们遇到语言障碍，他们的英语能力不佳，但他们的辩护律师不懂中文，不了解语言之间的微妙差别。

证人在法庭中使用母语表达他们的证词，被告们则靠法庭指定的翻译官传译理解内容。审判中，检察官提供录音带及录音带里汉语对话的英文翻译字幕。英语和汉语之间的差异，成为有罪或无罪的关键。

"阴谋"罪靠被告们互相沟通，所以语言的内容和真意，反映他们是否真有犯罪的意图。

两位卧底的华裔"间谍"与这几位被告交谈，全遭警方录音并录像。警局找人翻译他们的对话制成字幕，也制作书面译本，后来两种纪录都被法庭采用。

警察局的翻译对被告们非常不利。而他们的外籍律师则完全不知。现在举几个例证：1984 年春天，被告之一张安乐与史提夫·王谈话。张表示想在纽约市做生意赚钱。史提夫建议他在中国城卖海洛因，可赚大钱。在录音带中，张表示"这个主意或许可行。"后来警局将它翻译为"This idea can work."。其实"也许可行"是假设语句，正确的英译，应该是："This idea could work."使用"could"这个字，表示可能而不一定。例如："The game could be played this way."正确翻译为："比赛可能可以这样进行。"其中"could"是"说不定"的意思。但使用"can"就是确定"能够"这样做。

在法庭中，陪审团看到录像，被告和史提夫对话，影像下面的字幕印出："This idea can work."（这事能够进行），岂不是表达贩卖毒品的意图吗？

另有一段录音，史提夫的声音用华语说："你将这样做吗？"被告回答："或许。"（I might.）提交法庭的书面译本却写着："我会。"（I will.）

这种似是而非的翻译比比皆是，被告们的律师群似乎忽略了其重要性。而陪审团所看到的，尽是被告同意和打算贩卖毒品的意图。

被告们最大的问题，便是史提夫·王和罗伯·宗这两个卧底的警探。下面是法院纪录中列举的被告们"阴谋"犯罪的历程，这两位奸细正是犯罪行动的推手和核心人物。

检察官主张，被告们的"阴谋"罪分成三批。三批人物如下：

第一批，张安乐和史提夫·王，"计划"进行贩毒事业；第二批，陈志义（Chen Chih–Yi）、向保金（Shiang Bao–Jing）、乔治刘（George Lu）、左兰（Lam Tso）会同史提夫·王及罗伯·宗，"计划"贩卖大麻和古柯碱；第三批，陈志义、董桂森和史提夫·王，策划进口 300 公斤海洛因。

法院的纪录是这样的：

（1）第一批

·1984 年初，张安乐和史提夫·王接触，表示想在纽约市中国城开始做生意，打听赚钱的管道。史提夫建议经销贩卖毒品。很快史提夫·王到警察局去报告，成为替警察局工作的网民。张安乐不知情。

· 纽约警局安排，史提夫·王也替联邦调查局收集情报（1984 年 3 月）。

· 史提夫·王陆续和竹联帮人士讨论 5 个月之久，他身上带线，将谈话全部录音。录音中也有张安乐的声音。

· 张安乐被人诬告，替客户讨债，被控绑架和勒索，纽约警局拘捕并拘留他。1985 年 6 月 6 日以后，他再没有参加同伙的讨论。

· 其后，"竹联"人士向保金和乔治·刘开始与史提夫·王联络（1985 年 6 月 19 日）。

· 7 月 15 日，向保金和史提夫·王谈到毒品来源。史提夫表示有办法。

· 史提夫·王安排，几人到西岸洛杉矶去接触毒品来源，转往拉斯维加斯，再回纽约（7 月 20 日）。

（2）第二批

· 史提夫·王和陈志义在纽约见面，提到可取得 50 磅大麻（1985 年 6 月 25 日）。

· 史提夫·王送 5000 美金给陈志义，作为购买 100 磅大麻的订金（6 月 28 日）。

· 两个人外加卧底警探一起到德州去找大麻供货商（7

月 1 日）。

·回纽约后，史提夫·王再付一笔钱给陈志义，要求加买 50 磅大麻（7 月 31 日）。

·当天下午，供货商由德州长途开车抵达纽约，晚上他们在西城偏僻处见面，同来的警探罗伯·宗，支付25 000美金给供货商。

（3）第三批

·史提夫·王向陈志义建议，买卖古柯碱和海洛因，设想从泰国金三角进口（1985 年 7 月 24 日）。

·竹联人士董桂森曾居泰国，住在巴西旅馆（8 月 15日）。陈志义与董桂森通电话，内容不详，没有录音。史提夫·王后来在法庭作证，说他们讨论的是如何从金三角进口毒品。

·其后陈志义搭飞机到巴西。

·回纽约后，陈与史提夫·王商谈，史提夫·王要求和供货商见面（8 月 25 日）。

·供货商到纽约，和史提夫·王见面（9 月 15 日）。

·史提夫·王支付 5 万美金给陈志义（9 月 18 日）。

当天联邦调查局干员会同纽约警察全体出动，拘捕陈志义等 9 人，将张安乐移送联邦法院拘禁，不久把董桂森从巴西引渡到美国。检察官起诉他们 11 人，指控他们"阴谋"贩毒等罪名。后来联邦法院证实"被告们从金三角取得海洛因和古柯碱的意图，始终没有开花结果"[2]。然而检察官只需证明"阴谋"的存在，不必证明犯罪是否成功。

被告们彼此交谈，相互沟通，达到共同的犯罪意图，是审判中的关键。那些官方的录音、录像和翻译英文的字幕以及书面译本，外加警探们在台上的作证，是陪审团评判的基础。陪审员们没有听到的信息，对他们等于不存在；他们听到和看到的不正确信息，却是他们唯一的根据。

在法庭播放的录音中，陈志义和史提夫·王用华语交谈。陈说："我们要做，便要找来源。"屏幕上印出英文翻译："We want to do it and need drug sources."本来的意思是："我们如果要做这事，需要先有毒品来源。"陈的这句话，应该译为："If we were to do it, we would need sources."陈志义这句话，其实是"不定"语句。然而陪审团看到的，却是笃定的"我们要做"（We want to do it.）。

关于毒品来源，录音带中被告讲："找得到的话，我们会想想。"陪审团看到的英文译本译为："We will plan for it when we find narcotics."意思是："当我们找到毒品，将会为它做计划。"正确的翻译应该是："If we found it, we would consider."这句话也是"不定"语句。

史提夫·王建议从金三角地带进口海洛因，被告回答：

"如果有金三角的海洛因，我们早已发财。"法庭的翻译："If we have heroin from Golden Triangle，we will be rich."正确翻译应该是："If we had heroin from Golden Triangle，we would have been rich."这是假设语句："假如我们在过去持有金三角的海洛因，我们早已发财。"也就是指，可惜这件事没有发生。

汉语中没有假设语句的文字，所以假设语句必须使用辅佐的文字去表达。英文中的文字"could"、"would"、"were"、"could have"和"would have"，表达不同的时间和语气，差之毫厘，谬之千里。

史提夫·王在法庭中作证，他听到竹联帮人士公然讨论杀人、抢劫和贩毒。他否认怂恿和诱导这批被告犯罪，也否认自己是"阴谋"的始作俑者。

同时，辩护律师也无法有效地诘问他，录音和录像内容的英文翻译是否正确。③

1986年8月30日，陪审团报告主审法官，宣判所有的被告全部有罪，包括仅和史提夫·王见过几面的张安乐。法官科处他们2年至20年不等的有期徒刑。

被告们向联邦高等法院上诉，提出一些理由，但没有主张法庭信赖的官方翻译有许多误差，造成不公平的审判。④

1988 年 6 月 27 日，高等法院驳回他们的上诉。[5]接到判决书后，地方法院下令执行徒刑。

① United States v. Chang An – Lo, et al, 851 F. 2d 547，1988.

② "Defendants efforts to obtain heroin and cocaine from Golden Triangle never came to fruition." United States v. Chang An – Lo, 851 F. 2f 547，1988.

③ 开庭之前和审判过程中，辩护律师有机会核查官方翻译是否正确，向法官提出异议。如果没有抗议，便失去了上诉的理由。因为上诉并不是重新审判，而是要求高等法院推翻下级主审法官的裁决。被告表示异议，法官会裁决，上诉法院若认为裁决不合法，便会推翻下级法院的判决。

④ 官方翻译错误，构成"误审"（Mistrial），法官可以当庭释放被冤枉的被告，因为陪审团听到错误的讯息，会造成错误的判决。2010 年加州地方法院宣布"误审"，释放女子被告，因为官方翻译错误。"翻译错误导致误审"，Colusa County News（April 16，2010）。

⑤ 988 U. S. 966，1988.

第十五章

女科学家

海伦娜·格林伍（Helena Greenwood）是位年轻的女科学家，曾在英国伦敦大学攻读生物化学，专注基因结构。1977年海伦娜和丈夫罗杰来到美国，在加州旧金山附近的硅谷找到生化研究工作，定居在阿瑟顿（Atherton）小城。

1984年某一天上午，丈夫外出上班，海伦娜还未出门时，忽然一个男人从后门撞进来。此人名叫大卫·法莱迪亚尼（David Frediani）。他原以为屋内无人，意图偷窃。发现海伦娜在家，便持枪威胁她，在屋内搜寻财物，并强奸海伦娜。大卫本想杀她灭口，但海伦娜答应绝不报警，于是大卫从容离去。

海伦娜随即报警，并且详细描绘犯人的形貌。警察循线索逮捕大卫。检察官起诉他抢劫和强奸罪。

不久法院开预备庭。在法庭上，海伦娜指认到案的被告大卫，并叙述被胁迫和性侵的经过。法官裁示，被告交保外释候传，将择期正式开庭，安排陪审团审判大卫·法莱迪亚尼。

海伦娜受此惊吓，与丈夫商量后，决定离开硅谷，另谋高就。不久她到加州南部圣迭戈（San Diego）一家名为GenePro的公司任职高级研究员，专门研究基因，正好是海伦娜的专长。

加州的法院定期于1985年8月底开庭审判大卫。然而开庭三星期之前，海伦娜在圣迭戈的住所大门口被人用绳索勒死。当时她丈夫已离家上班，而海伦娜显然刚走出大门，正要开车时被袭击身亡。

8月底，法院如期开审。虽然被害人海伦娜突然死亡，不能出庭作证，幸好她在预备庭中的作证有详细记录。尽管被告大卫的律师力争，主张关键证人不能出庭，法官应该撤销对大卫的起诉，并且辩称在预备庭中的证词，是"传闻"证据，法院不应该接受和让陪审团考虑。但主审法官裁示，预备庭中的陈述，不是法庭之外的信息，因此不是"传闻"证据，法院可以接受。[①]

审判结果，陪审团宣判被告大卫有罪。法官判他3年有期徒刑。

承办这件抢劫强奸案的检察官和警探，一致认为海伦娜是遭大卫谋杀，企图灭口。大卫原以为杀死海伦娜，这件刑事审判便会流产，不料法院还是将他判刑。

然而警探找不到任何线索，证明大卫在几百里外的圣迭戈谋杀了海伦娜。

警探调查海伦娜被杀当天，大卫的去向和下落。大卫解释，记得那天下午曾在旧金山一家酒吧喝酒。警方查访酒吧的酒保，他证实那天下午曾看到大卫，并曾与他谈话，但顾客来来往往，出入酒吧，酒保不记得下午见到大卫的确切时间。警方查询付账记录，得知许多顾客喝酒付现金，大卫也在支付现金后离去。"那天旧金山下着小雨，大卫进来时还抱怨天气恶劣。"酒保这样告诉警察。

警探无法突破这一道"不在场证明"，因为一个人不可能同时在两个距离几百里的城市中出现。

海伦娜的谋杀案，眼看成了"死"案子。

"脱氧核糖核酸"简称 DNA。1984 年由英国科学家亚历克·杰弗里斯发展出来，1986 年首次在轰动当时的一件谋杀案的侦办中作为证据。1993 年美国最高法院颁布判例，确认 DNA 是法庭中可以使用和信赖的科学证据。

人体细胞含有染色体，它是在细胞核内由核蛋白组成、能用碱性染料染色而有结构的线状体。染色体是遗传物质基因的载体，也就是媒介。染色体上有 13 个基因座，又称为等位基因；每个生物体的显著特点至少由两个等位基因所控制，位于染色体上各基因座的同一位置。两个等位基因，一个来自父亲，另一个来自母亲。把这系列 13 个基因座的等位基因分离并放大，使用特殊设计的电流，将它们逐对分开。一旦分开和排列起来，便形成一种有秩序的系统，称为 DNA 指纹。

人体每一个细胞都含有全套的 DNA 指纹。有血亲关系的两个人，他们的 DNA 指纹会显露两人之间的关系。无血亲关系的人之间则差异很大。[②]

有些特征，于 24 万人中可以找到一个相同的基因座，但每一亿七千万人中，才可能找到完全相同的两套 DNA 等位基因排列和特征。

DNA 发展为一门学问，经过许多科学家的努力，历经多年的实验、分析和讨论。海伦娜在伦敦大学时，便追随英国的大师学习。后来在 GenePro 公司，已有相当的成就。

1999 年圣迭戈警察局局长，指派几位年轻的警探重新研究"死"案子的档卷和保存的证物。一位女探员对海伦娜的死亡非常同情和好奇，她发现在档案中保存有当时法医验尸时，从死者尸体上取下的细微物质。其中竟然有从海伦娜指甲中取出的人体组织。从显微镜中可看出它含有人类细胞。幸亏那时法医或其他科学家没有试图去分析这一点微量物质。因为一旦被化验，其中的 DNA 便会失去质量（Degraded）。

警局将物质送到美国联邦调查局的犯罪实验室去分析。不久得到回音，物质中确实有人类的 DNA，并且与死者海伦娜的 DNA 相比，属于第三者。

当年大卫·法莱迪亚尼所犯的罪包括强奸。可惜旧金山警局没有保存大卫的体液抽样。现在的问题，是如何取得他的 DNA 送去化验和对比。

联邦调查局和旧金山警局合作，设法谋取大卫的体液或者毛发。他们派遣干员跟踪大卫。此人甚为狡猾，许久都不留痕迹，也从不吸烟。有一回在快餐店中，干员找到大卫使用后丢弃的纸杯，送往 FBI 化验，却找不出纯粹可用的细胞样品，无功而退。

一个阴冷多雨的下午，大卫从一家餐馆走出来，四处张望，非常警觉。他无意间与路上的行人相撞，吓了一跳，大卫很生气，向地上吐了一口唾液，悻悻然地匆忙离去。跟踪他的干员连忙用准备好的工具取回他的唾液。因为下雨地湿，竟然轻易地取得了可用的唾液。

FBI 化验唾液中的细胞，发现其中的 DNA 和海伦娜指甲中留存的细胞基因来自同一个人——大卫·法莱迪亚尼。

只是，圣迭戈的警探还得解决另一个问题。

海伦娜被杀的那一天，大卫不是远在旧金山吗？

案件发生于当天早晨 9 点钟左右。所以大卫必定在前一两天来到圣迭戈，他必然是开车经高速公路，由旧金山南下。杀死海伦娜以后，再立刻赶回旧金山，傍晚应该能够抵达。两城距离为 459 英里，开车走高速公路约 502 英里，时速 70 英里，开车从圣迭戈到旧金山的车程约 7 小时。所以当天傍晚，大卫是可以赶回旧金山的。

但如何证明他曾来过圣迭戈呢？

一位交通队的警官建议，请加州的公路巡警队清查案件发生前一星期的交通事故记录。旧金山警局以电子邮件传来大卫的汽车牌照号码，本城交通警察队也同时清查那段时间的车祸和罚单记录。

几天之后，交通警察队回复：巡逻警车曾对一辆违规停车的汽车开出罚单一则，有副本可稽，而此辆汽车的车牌号码，正与大卫的相符。

现在确知，这位男子在案件发生前两天，的确已到达圣迭戈。

另一批探员分头查询勒死海伦娜的绳索来源。他们在商场沃尔玛找到一家厂商出产的绳索，要求商家寻找在那两天售出该绳索的记录。如果顾客使用现金，计算机记录可找出售出时间，但找不出顾客是何人。然而沃尔玛的保全人员查出，有一位顾客为了节省两块钱（使用沃尔玛信用卡付款的顾客可享部分商品折扣），使用了他的信用卡。一卷绳索定价 9 元 5 角美金，而此人使用信用卡节省了两美金。这位顾客的姓名，正是大卫·法莱迪亚尼！

剩下一项疑点，是旧金山酒吧中那位酒保的陈述。当年因为他告诉调查员大卫曾光顾酒吧，谈论天气，似乎不可能同时出现在圣迭戈杀人，警方才没有追查大卫。[③]于是调查局重新查证。十多年以后，那位酒保已退休，不知去向。然而调查局发现，当时酒吧员工的轮值分成早晚两班，早班由上午 8 点到下午 4 点；晚班则由下午 4 点到半夜 12 点。查核记录显示，当年那位酒保长期以来都是轮值晚班，也就是说，他顾店的时间通常是下午 4 点到半夜 12 点。如此看来，大卫在酒吧喝酒谈话，应该是当天下午 4 点以后。

因此可以推演出，大卫·法莱迪亚尼在圣迭戈杀人之后，开车赶回旧金山，故意到酒吧去喝酒留下痕迹，制造他"不在场"的借口。

旧金山警察拘捕大卫，将他移送圣迭戈，由当地检察官起诉他谋杀罪。

开审的时候，检察官将掌握的证据，尤其是 DNA 分析，有条有理地在陪审团面前提出。一位专家作证，根据海伦娜多年研究的基础，她指甲中所带的基因，不是被告大卫 DNA 的可能性只有亿万分之一。

2001 年 1 月 30 日，在圣迭戈加州地方法院，陪审团宣判 46 岁的大卫谋杀罪，法官判被告无期徒刑。④

次日洛杉矶时报的标题是："从坟墓中发出的讯息"（A message from the Grave）。

海伦娜的同事们感叹地表示，海伦娜在垂死时，知道自己毕生研究的 DNA 必能替她逮捕凶手，所以尽力用手抓出大卫的皮肤细胞，藏在指甲中，等待 15 年，终于协助破案。

这时海伦娜的丈夫罗杰已经病逝，母亲也已死去。可惜他们没有机会目睹法律还他们一个公正的结果。

---

① 因为预备庭和审判时作证相似，大卫的律师有机会质问坐在台上作证的海伦娜，并且有法庭记录，所以不是应被排斥的"传闻证据"，开审时法官可以容许陪审团知道内容。

② Donald Riley, DNA Testing, 2005；Dauber v. Merrell Dow, 509 U. S. 589, 1993.

③ 疑点必须解决，因为酒保的回答对被告有利，如不解决，可能变成他脱身的借口。

④ People of California v. David Frediani, Sup. Ct. No. SCNO6844.

第十六章

失踪的女子

格里高利·杜（Gregory Tu）和女子莉萨（Lisa）在马里兰州波多马克同居超过 10 年。杜先生曾经营餐馆，却不太成功。莉萨是一家中国餐馆的带位小姐，在华人小区相当活跃。杜先生年 58 岁；莉萨年 43 岁。

1988 年 7 月中旬以后，雇主和朋友们不见莉萨的踪影。杜先生向朋友解释，7 月 13 日女友搭乘联合航空班机，从邻州弗吉尼亚的杜勒斯国际机场，飞往旧金山去看朋友。然而有时杜先生又说，莉萨已回台湾度假。

有朋友心生疑窦，向警局举报。

几星期后仍不见莉萨的踪影。警察局也开始怀疑，派警察去询问。杜先生坚持莉萨出外旅游，无法取得联络。警探调查莉萨的手机记录和银行账户，发现在 7 月 3 日，账户中的存款被提领美金44 000元，以后便没有任何进出。从7月13日以后，莉萨的手机出现几通朋友的来电显示和留言，但没有拨号回话的纪录，甚至没有聆听语音留言的记录。

警探们找到航空公司的票务资料，7月14日购买机票的旅客中，确实有名叫莉萨的女性。警探们便决定从搭乘同架飞机的其他旅客中去寻求答案。

同时他们发现，7月16日杜先生曾出钱雇用一辆收集垃圾的卡车，从他住处拖走一张长沙发，这张沙发被送往废物焚化炉，当场烧成灰烬。

两个月以后，9月7日，警探们从法院取得搜索令，进入杜先生屋中全面搜索，从楼下的卧室地毯上测出血液反应，而莉萨向来睡在这间卧室的长沙发上。警方还从衣柜中找到长沙发的布套，上面也有血液反应。此外，警方还搜出两把利刀及一把手枪。根据记录，杜先生在5月间购买了这把手枪。

犯罪现场调查员从地毯和布套上采集到血液样本，收藏在实验室。警探们决定寻找莉萨的近亲，希望找到含染色体基因质量的血液，对比之后，也许可以证实采集的血迹，是不是莉萨的血液。

法院颁发的搜索令授权警察可以搜集任何属于莉萨的

物品，以及与莉萨的失踪或死亡有关的证据。搜索令的范围，后来在法庭审判中，变成争执的问题。

警探们持法院命令到杜家时，杜先生不在家。进行搜索时，家中电话忽然铃声大作。警探接听，是拉斯维加斯一家租车公司要求杜先生付款。警探们发现杜先生已逃往拉斯维加斯，便立刻联络当地警局，协助追缉格里高利·杜这个人。因为疑犯有逃亡之虞，警察取得法院的拘捕令，派两位警探飞往赌城去追捕杜先生。循租车行的线索，当地警察在一家旅馆中抓到杜先生，并当场搜索他的房间，取得7样物品，包括他的公文包。

马里兰州派去的两位警探于9月11日将杜先生押回。检察官决定起诉他谋杀莉萨。

检察官面对的是极为复杂的问题——没有尸体，如何证明谋杀？

几百年来，传统刑法中，杀人罪必须看到被害人的尸体。有句拉丁法谚："要拿出死尸来"。所以检察官通常等待到警察找到尸体，法医验尸、查明死因之后，才进行起诉的工作。

除了法律传统，还有现实问题。没有尸体，便不知死因；找不到线索，没有物理证据、没有毛发或凶手遗留的痕迹、没有血液，更没有目击证人。也就是说，完全欠缺杀人的直接证据。

另两位警探被派遣到台湾去寻找莉萨的直系血亲，采集血液样本。他们找到莉萨的妹妹，采到血液样本，匆匆回到马里兰州。比对之下，他们相信，杜家地毯和布套的血液，若不是莉萨的，便是她直系亲属流出的血液。那间卧房只有莉萨使用过，当然便是她的血液。

法院将被告羁押在拘留所中。1992 年开庭审判。

检察官提出三种证据：其一，1988 年 7 月 14 日莉萨没有登上联航客机；其二，被告有杀人动机；其三，被告的行为动态反映他曾杀人。

证明一位旅客是否曾搭乘客机很容易；证明她买票后有没有上飞机，则困难得多。警探们找到 7 月 14 日的乘客中，有两位被排在莉萨的座位两侧。两位乘客被传唤到法庭作证，两人都记得，中间的座位没有乘客入座。[①]

辩护律师则找到一位联航的职员，她表示记得 7 月 14 日在机场柜台，曾帮一名很像莉萨的女旅客划位。

然而一旦坐入法庭的证人席，这位职员突然变卦，表示已记不清楚。

莉萨既然没有外出旅行，那么家中的血迹、被丢弃的沙发床、被告购买的手枪都成为杀她的间接证据，在法庭中被一一提出。

第二点是动机。杜某从莉萨的银行账户中提走四万多美元，被她发现。另外，被告曾告诉朋友，知道莉萨在外另有情人，两人因此经常吵架。

第三点是被告的行为。9月初前往拉斯维加斯之前，杜先生告诉朋友，他要到赌城去寻找莉萨。

警探们在赌城旅馆房间中找到杜先生嫖妓和赌博的证据。另外，根据他公文包中的一张名片，警探们找到当地一家餐馆。杜某曾经向餐馆求职，自称姓王，可得出他曾设法在赌城隐名埋姓的证据。

辩护律师曾竭力反对法庭准许检察官使用在赌城搜取的物品，并在陪审团前证明被告的谎言与逃逸动机。他们主张，在赌城旅馆中的搜索已远远超过原先领取的法院搜索令所界定的范围。

主审法官驳回辩护律师的异议，让陪审团看见并听取全部证据。

1989年11月，经过20多天闭门讨论，陪审团报告主审法官，宣判被告格里高利·杜犯一级谋杀罪。法官随后判处他无期徒刑。

被告的律师立刻上诉。理由是：拉斯维加斯旅馆中的搜索，超出法院搜索令的范围，非法搜索，因此搜获的证物，不应该在法庭中展示给陪审团看，因而影响他们的决定。

1992 年 9 月，马里兰州高等法院同意辩护律师抗争的论点，撤销原判，命令重新开庭审判。[②]

同年 12 月，地方法院开庭重审。同样的证人和证据，删除检察官的第三项理论（被告事后的逃避行为）。新组成的陪审团判决被告犯二级谋杀罪（欠缺预谋杀人的证据，但他杀了莉萨），法官判被告 30 年有期徒刑。

1994 年，被告再上诉失败。[③]

找不到尸体，仍然可以证明谋杀，本案是传统刑法观念的突破。[④]

[①] Tu v. State, 631 A. 2d 110, 1993. 详述证据与初审过程。

[②] Tu v. State, 97 Md App. 186, 1992.

[③] Tu v. State, 336 Md 406, 1994.

[④] 拉丁法谚 Corpus Delicti 指"犯罪的主体"（Body of Crime），传统刑法要求谋杀罪需证明死尸的存在。Wigmore Evidence 7：207；Underhill, Criminal Evidence 2：402. 但 Harshman v. Commonwealth of Pennsylvavia, 732 MAL 2011（2.15.12），找不到尸体，法院判被告犯谋杀罪。

第十七章

红宝石山

美国中西部有几个州，地广人稀，遍布山地与高原。山区里面有些"基地"，是右派反政府分子训练"民兵"的地点。其中有一个组织，叫"世界白种人国会"，崇拜希特勒，号称白人至上。反政府的言论在美国受到宪法保障言论自由的保护，不算犯罪。但这些反政府分子却从事抢劫银行、杀人、勒索、和制造私枪的犯罪行为。因此联邦调查局和烟草火器与爆炸物管理局（ATF）持续监视并调查他们的行为。

1983 年，白人兰迪·威佛（Randy Weaver）和妻子维基（Viki）、未成年的女儿莎拉（Sarah）及儿子塞缪尔（Samuel）在爱达荷州（Idaho）红宝石山（Ruby Ridge）建造一间简单的木屋，与世隔离。威佛是退伍军人，感叹美国被少数族裔侵占，自称"我不是种族主义者，我是分离主义者。"威佛家中藏有枪械，一家大小都喜欢武器。

1990 年，威佛参加白人至上的民兵团体。团体中潜伏ATF 的线民。这位线民看中威佛，与他交友，并交换枪械。威佛手上有两把冲锋枪，被他改良后，成为法律禁用的枪械。他将这两把枪卖给线民，其后由线民检举，被 ATF 查获。ATF 的干员与威佛谈判：如果他答应替枪械局潜伏到恐怖组织中，替政府探秘，政府便不起诉他。但威佛一口拒绝，于是政府将他起诉。

在法官面前，威佛不肯认罪。法官命他交保一万美金，放他回家候传。威佛和妻子维基认为政府终将没收他的木屋和枪械，即使价值仅两万美金，两人依然决定抗争到底。

维基向检察官发出几封信函，声称全家会抵死不从。

1991 年 10 月 24 日，维基产下第二个女儿。

1992 年初，法院颁发传票给兰迪·威佛，定期开庭。法官指定 2 月 20 日开审。但传票上写着 3 月 20 日。到了开庭日（2 月 20 日），被告威佛没有出庭。于是法官颁发拘捕令，并且没收他的一万美金保证金。威佛获知此事，极为愤怒，便在木屋四周设防，准备与政府对抗。好友凯文·哈里斯（Kevin Harris）也赶来助阵。

联邦调查局与 ATF 知道事态严重，派遣大批干员包围红宝石山，并且安排特勤队和狙击手潜伏在木屋附近的树林中。

两方僵持几个月，枪战一触即发。政府希望拘捕威佛，法院命令拘捕到案，威佛则不承认政府的权威。

1992 年 8 月 21 日半夜，三位法警执法院拘捕令在木屋附近巡逻，打算突击威佛。其中一位资深法警威利·狄根（Willie Degan）在黑夜树林中被威佛养的大狼狗发现。威佛 14 岁的儿子塞缪尔和朋友哈里斯持枪闻声赶来。两方遭遇，法警起身表明身份，但仍然发生枪战。法警狄根当场被枪弹击中胸部，倒地死亡；混乱中有人开枪打死那只狼狗。众人听到塞缪尔喊叫：“狗娘养的，他们打死我的狗。”随后塞缪尔也遭枪击，死在树林中。

翌日天亮以后，威佛和哈里斯走出木屋，到树林中寻找儿子塞缪尔。当他们出现时，调查局特勤队的狙击手立刻开枪，其中一发击中威佛的右臂。当他们匆忙撤退回木屋时，屋内的维基躲在窗帘后替他们开门。狙击手发射第二枪，枪弹穿透窗帘，射中维基的头部，子弹同时穿过维基，打中哈里斯的胸部。当时屋外众人都听到维基的惨叫。

枪战的结果两败俱伤，此事也立即登上全国媒体的头条新闻。①

两方继续僵持几天，经过谈判，威佛终于放下枪械，由法警拘捕，送到法院羁押。

联邦检察官起诉威佛和哈里斯，罪名是谋杀、拒捕、持有非法枪械、未服从法院传唤到案等等。

1993 年 4 月 13 日，法院在全国注目下开庭审判两名被告，兰迪·威佛和他的朋友凯文·哈里斯。

政府的策略是在法庭证明威佛夫妻等人迷信"白人至上"的口号，反对政府，持有非法枪械，以致造成流血惨事，应该对法警狄根的死亡负刑事责任。

辩护律师的策略，则是指出政府用威权逼迫人民，枪杀 14 岁的少年塞缪尔、狙击在木屋内的维基，甚至连一条狼狗也不放过。

庭讯过程中，检察官传唤了 40 多位证人；辩护律师却不传唤任何证人，专注地反诘问政府的证人，希望从他们的证词中，找出检方的瑕疵和破绽。

譬如谁先开枪的问题。

一位在场的法警作证，说他的朋友狄根"不可能先开枪，我在他附近，没有听到他开枪，只听他不断大声声明自己是法警。"

辩护律师反问这位证人："你确定狄根没有开枪，连一颗子弹也没有发射？"

答："确定。"

问："但他的步枪中少了 7 发子弹，知道吗？"

答："……我不知道。"

另一位证人也是在现场的法警，表示塞缪尔持手枪冲过来，意图替他的狼狗报仇。

辩护律师问证人："塞缪尔持枪对准你们吗？"

证人回答："是的。他喊叫'狗娘养的，你们打死我的狼狗'，然后举枪准备射击我们。"

问："于是你们便开枪还击？"

答："不得已，非做不可。"

问："是吗？塞缪尔被人开枪从背后打死。只有一枪，直接打中他的后背。你怎么解释这种情况？"

答："……"

最关键的证人是调查局的狙击手。在证人席中，狙击手说明，他对木屋的窗户开枪时，并不知道维基站在窗后。开枪之后也不知道已经击中维基。

辩护律师诘问狙击手："你不知道你击出的子弹打中了维基吗？"

答："不知道。"

问："维基手上抱着一位女婴，你看到了吗？"

答："当然没有。"

问："当时你听到惨叫声吗？"

答："听到屋内传出喧哗声。"

问："听到孩子的哭声吗?"

答："没有。"

问："是女人的哀嚎吗?"

答："也许是，不清楚。"

问："哀嚎了多久? 30 秒钟之久?"

答："不确定，或许有 20 至 30 秒。"

这时辩护律师停止发问，抬头注视法庭墙上的大钟，在寂静的法庭中，众人注目之下，一秒一秒地度过了 30 秒钟。然后转身对主审法官说： "我对这位证人的询问结束了。"②

全部证人完成他们的证言，由检察官和辩护律师分别对陪审团作结论时，检察官强调：枪战是被告和他的家人一手造成，如果他们守法，就不会发生这种惨剧。法警狄根在执行公务时，遭被告哈里斯谋杀，而威佛是杀人的帮凶。维基和塞缪尔的死亡，是可以预防的意外。

轮到辩护律师作结语，他大声宣布："真正的杀人犯，不是今日的两位被告。犯人不在本法庭中。犯人是从背后枪击少年塞缪尔、枪毙他的狼狗和射杀维基的那些政府官员。"

他强调人民有信仰和居住的自由。当政府迫害他们时，他们有权用武力自卫。

法庭审理本案前后 36 天。陪审团闭门参考各种证据，20 多天才达成共识。

1993 年 7 月 8 日，陪审团宣判，凯文·哈里斯无罪；兰迪·威佛没有杀人或其他重罪，只是未服从传票向法院报到，此罪该罚而已。③

主审法官随后判威佛 18 个月有期徒刑，扣减他被羁押的时日，只需服刑 4 个月。

1994 年威佛控告联邦政府，要求民事赔偿。两方和解，政府赔偿威佛 10 万美金，另外赔偿他的两个女儿每人 100 万美金。

具有 15 年资历的资深法警威利·狄根则白白送了一条命。

"红宝石山"事件对联邦执法人员是一项打击，对种族主义团体和美国全国步枪协会（NRA）却是鼓励。1993 年在美国德州韦科城发生的枪战造成 76 人死亡；1993 年在俄克拉荷马城政府大楼的大爆炸案则造成 200 多人死亡，两案都是右派反政府分子的杰作，"红宝石"事件即始作俑者。

① 详情载 "The Federal Raid on Ruby Ridge" 参议院司法委员会调查报告 104 Congress 110，1995；司法部项目调查报告 CDOJ Task Force Report 1995。

② 事后爱达荷州地方检察起诉 FBI 狙击手 "误杀"，被联邦法院驳回。State v. Horiuchi，266 F. 3d 979（2001）；State of Idaho v. Lon T. Horiuchi，United States Count of Appeals，No. CR‑97‑10097‑EJZ，1996.

③ State of Idaho v. Randy Weaver July 8，1993.

第十八章

足球明星

重要问题并不是被告做了没有，而是对他不利的证据——证明，以及能否和如何将它中立化。我的工作是在证明上涂抹灰色的暗影。灰色便是合理的怀疑。

亚伯拉罕·林肯[①]

洛杉矶有一所著名的私立大学，叫南加州大学（University of Southern California）。南加大以训练美式足球队出名，曾培养出不少足球明星，其中最著名的是 O. J. 辛普森。辛普森是全国各大学历来跑码最多，得分最多的悍将，曾获最佳大学球员的荣誉，毕业后参加职业球队也创下得分纪录。

辛普森退休后，担任电视广播记者，后来是 Hertz 租车公司的代言人。

辛普森结婚两次，第二任妻子名叫妮可，是一名白种女子，辛普森是非裔黑人，婚后育一子一女。后来两人意见不合，同意离婚，分别居住在圣塔莫尼卡，两户相隔约两里路。辛普森与妮可关系不和，偶尔有家暴行为，妮可曾因此报警，当时一位叫马克·富曼的警员曾到她家调查。富曼后来升任警局凶杀组的警探。

1994 年 6 月 12 日星期天晚上，一条名种家犬在妮可的住宅前面徘徊，有时吼叫，有时哀吠。邻居将它带回家，打算隔天帮它寻找主人。这只狗坐立不安，坚持要出门。它拖着好心的邻居赶到妮可家前院，当时大约晚上 10 点 50 分，邻居看到一位女子匍匐倒在栏杆后前门的台阶旁。

12 点 36 分，洛杉矶警局的警员来到现场。其后几小时，陆续又有 20 多位警员、警探和犯罪现场分析师（CSI）赶到。他们到达的时间和顺序都有记录。

警探们发现另有一位男子倒卧在不远处。探测他们的口鼻和心跳，确认两人已经死亡。两人都躺在大量血泊中。妮可的颈部被割到几乎断头，另一名男子名叫顾德曼，双手都有刀伤，喉颈也被切割。

妮可的左手边有一只皮手套，看来是大号的右手手套。从陈尸处往房屋侧门的水泥走道上，留有一只左脚带血的鞋印。

警探们发现，房屋大门未被破坏，没有潜入的痕迹。进入屋内，妮可的两个孩子还在楼上熟睡。

清晨2点10分，杀人调查组小队长菲利普·范纳特连同警探马克·富曼来到现场。富曼是那天第17名到达的警探。

富曼立刻告诉同事们，女子妮可是辛普森的前妻。在现场指挥的小队长范纳特便叫富曼和另外两位警探开警车到两英里以外的辛普森家去。

他们当时究竟为什么这样做，后来成了一个重要的争执点。范纳特在法庭作证时，声称他是关心辛普森的安危，所以前去通知辛普森。富曼则有不同想法：他怀疑妮可遭辛普森杀害，所以要去询问辛普森。

四位警探抵达辛普森的豪宅前，院子由五英尺高的围墙环绕，两层楼的洋房，里面灯火通明。警探去按门铃，久久无人应门。富曼便爬过围墙，跳进院内，从里面打开大门。四人进入院内走上台阶去前门按门铃，依然没有人响应。

这时富曼离开三位同僚，绕到侧院，在黑夜中消失十多分钟后，又匆忙跑回来，示意三位同僚跟他到侧院去。

范纳特队长顺着富曼的手指查看方向，用手电筒的强光照射，看到在墙脚的草地上，有一只皮手套，上面带有血迹。

他们捡起这只手套，事后转交给犯罪现场分析师保存。那是一只大号的左手男用皮手套。其后检验，手套上带有死者妮可的血液。这个证据也将辛普森和这起凶杀案联系起来。

警探们走到房屋车库前的水泥停车道，上面停有一辆白色的福特牌休旅车。富曼叫他们注意，汽车左边驾驶座的门外似乎有几点血迹，而且门把上也沾有血迹。范纳特队长用手帕取下其中两滴血液，放入口袋中收藏。

那天半夜，辛普森其实不在家。十点半左右，事前约好的公司黑色轿车，已经接他抵达机场，坐夜机飞往芝加哥，住入"四季"旅馆，等待第二天的约会。

天亮以后法医和助手前来验尸，同时，警察局的证据科学分析师也来到现场。他名叫丹尼斯·方。他带着一位女助手，协助他收集血迹、指纹、鞋印等物理证据，并将那些物品依序编号，使用特制的塑料袋装存。

队长范纳特起草搜索令申请书，准备当天到法院去申请搜索令，在请求注意的证据的清单中，他特别注意到福特休旅车门旁的血斑，极可能是辛普森留下的血迹，又列举辛普森家中的衣物和皮鞋。

当天下午警探们进入辛普森住屋内全盘搜索，找到辛普森的皮鞋、手套和袜子。其中包括一双蓝色的棉毛运动袜，一起带回警局送往犯罪实验室检验。

辛普森闻讯，从芝加哥赶回洛杉矶，立刻聘请律师协助。在律师陪同下，辛普森到警察局接受讯问。全程只有37分钟，因为他主张缄默权，拒绝回答重要问题。警探注意到他手腕上有伤痕，辛普森解释，在芝加哥旅社房间中打碎玻璃水杯，割伤了自己。经他同意，警局的专业人员从他手臂抽了一针筒的血液。这一瓶血液日后也在法庭引起争论。当时的纪录抽血量是8ml，但后来警局保存的血液只有6.5ml，其中1.5ml血液去向不明。辩护律师主张，警察曾使用辛普森的血液污染证物（尤其是他的蓝袜和替换休旅车门上取下的血迹）。

另外一项程序上的疏忽，是警察局规定：摄影师必须先仔细拍摄犯罪现场和被搜索场地的照片，其后才准移动物品。然而他们先把袜子等对象带回警局，所以摄影师随后拍摄的照片中，没有那双袜子。

1995年1月24日，号称"20世纪末大审"的辛普森案，在洛杉矶开庭。

在法庭中，辩护律师主张，警探先把袜子带回警局，特意染上辛普森的血液，再送往实验室鉴定，所以现场照片才未拍到那双蓝袜。

辩护律师的策略很简单——警察栽赃，制造假证据来冤枉辛普森。只因为看不惯这位成功的黑人。

检察官的策略也很简单——辛普森有家暴倾向，欺凌妮可，动刀杀害她和她的男友顾德曼。检察官打算用血迹和手套作为基础，家暴恶行作为原动力，来定辛普森的罪。[②]

检察官的弱点是没有找到杀人武器，欠缺凶手沾血的衣裤、欠缺目击证人，更不能从辛普森身上或家中，找到死者妮可或顾德曼的血迹；而检察官的优势，则是在被告庭院中找到的带血手套、被告的休旅车门边和门把上沾有辛普森的血迹，以及在被告家中搜到的袜子。

辩护律师针对这些弱点，质疑警探们的动机和诚信。

皮手套是辛普森最大的问题。在妮可陈尸处找到的那一只，和在被告院子里找到的手套正好是同一副。两只都沾有辛普森和死者的血迹。这两只特大号高级深褐色皮手套，由 Aris Gloves 出产，纽约布鲁明黛百货公司贩卖，1989 到 1992 年间，只卖出 300 副，品牌号码 70263，每副 170 美金。妮可曾在纽约买过两副送给辛普森，另一副也在辛普森家中搜到。

死者身旁地上血液中的鞋印，也是被告的问题。联邦调查局的专家作证，鉴定那鞋印属于 Bruno Magli 品牌，意大利出品，在美国只有 40 家百货公司或皮鞋公司出售，售价每双至少 160 美金，同时，鞋印的尺寸为 12 号，在美国只卖出 300 双这种大型皮鞋。在被告家并未找到这双皮鞋，但新闻纪录片上，可看到辛普森曾穿此鞋在球场边访问球员。

手套与鞋印，连同带血的袜子和汽车，在辛普森和犯罪现场间拉起千丝万缕的关系。

审判过程中，警探马克·富曼出庭作证，叙述当晚发现手套的经过后，辩护律师这样反诘他："那只手套是你在被告院落中找到的？"

答："是的。"

问："到达被告家之前，你先去过犯罪现场？"

答："是的。"

问："你在死者妮可身旁看到皮手套？"

答："是。"

问："你拾起其中一只，藏在身上，带到被告的住处，丢在侧院地上？"

答："绝对不正确。"

问："富曼警探，你一开始便认为辛普森先生是杀人犯，对不对？"

答："没有。"

问："你们为何立刻到他家去找他？"

答："我们去保护他。"

问："是吗？你翻墙跳进他的院落，是去抓他吧？"

答："没有，不是这个意思。"

问："你迫不及待地进去，在黑夜中偷偷丢下那只带血的手套？"

答："绝对没有……"

问："你对辛普森先生有偏见吗？"

答："没有。"

问："没有偏见？他是黑人，你认为黑人都是会犯罪的，对吗？"

答："有些人会犯法。"

问："你没有种族偏见吗？"

答："绝对没有。"

这一段对话，已将种族问题引进法庭审判。

检察官接着再诘问富曼，想厘清找到皮手套的过程。

检察官问富曼："那天清晨，你按顺序，是第几位抵达犯罪现场的警探？"

富曼回答："第 17 位。"

问："所以先到的同事，在现场只看到一只皮手套？"

辩护律师起身反对："法官，证人不能替别人作证，他不可能知道别人看到何物。"

法官叫检察官换一个方式提问。

"法官，我撤回刚才的问题。"

检察官改换方式，再问富曼警探："你没有理由作不真实的报告，对吗？"

答："我所说的都是实话。"

辩护律师接着反问证人："富曼警探，你说你诚实，请问，你歧视被告辛普森吗？"

答："绝对没有。"

问："你曾称呼黑人为'黑奴'"吗？"

答："从来没有。"

问："在过去10年中，你曾称呼黑人为'黑奴'吗？"

答："没有。"

辩护律师转身面对主审法官："法官，请准许我们在本法庭播放一段录像带，请批准。"

经过一番周折，法庭的技术人员协助辩护律师播放录像片。那是几年前一位大学教授访问富曼的纪录，教授采访富曼，请他描述警探在洛城追踪犯罪的实况。

在影片中，多次出现富曼称黑人市民为"黑奴"的画面。

富曼警探的公信力完全被摧毁。那只带血的手套，也失去证明效力。

轮到队长范纳特，他作证叙述那天清晨，他带领其他三位警探到辛普森住宅的经过，并描述跳墙进入院落的善意，和发现休旅车门上的血迹等等细节。

范纳特结束证词后，由辩护律师进行反诘问："你刚才说，到被告住宅，是关心他的安危？"

范纳特回答："是的，他的前妻被杀，我们担心他也可能有危险。"

问："所以你们焦急地跳墙进去找辛普森？"

答："没有跳墙，马克从里面打开门，让我们进去。"

问："马克·富曼翻墙进去，你没有阻止他？"

答："来不及阻止。"

问："他是你的下属警官？"

答："是的。"

问："所以你不认为辛普森是杀人嫌犯？"

答："当时我们没有证据这样认为。"

问："是吗，当天早晨你草拟一份报告，送给法院去申请搜索令，对吗？"

答："对，那是规定的作业程序。"

问："在报告上，你称辛普森为嫌疑犯（suspect）？"

答："那是在看到休旅车门上的血迹之后……"

问："但你们并没有确定，那是谁的血迹？"

答："后来鉴定，的确是辛普森的血液。"

问："后来？你们早已认定辛普森是嫌疑犯，所以跳墙去抓他，不是吗？"

答："不是。"

问："队长，你知道翻墙侵入私人房屋，是犯法的行为。你们对被告的偏见，是不可否认的。"

答："我们没有偏见。"

警察局的犯罪分析师丹尼斯·方在庭上作证5天，反复说明收集和保存证物的经过。结束之后，被辩护律师反诘问："在被告卧室中找到一双袜子，上面有血迹，对吧？"

答："是的，是被告的血液。"

问："警察局的纪录片中，在卧室内没有照到这双袜子，为什么？"

答："范纳特队长找到后，先交给我登记为证物，然后送到实验室去化验。"

问："我们并不知道那血液是什么时候沾上袜子的，对吗？"

答："我们仅可以确定是被告的血液。"

问："当然，因为是你们滴上去的，当然是被告的血液。请问，血液从上面滴下来，因为地心引力，沾到袜子时，应该是朝下滴出带尾巴的形状，对吧？"

答："对的。"

问："那么，为什么袜子上的血迹，是圆形的圆点，而上端没有尾巴呢？"

答："我不能解释，或许是从侧边溅上袜子的。"

问："那是被告手上的血，只会向下滴落。也好，请问，血液透过袜子的外层渗透棉质，渗入袜子另一边的里层，你注意到这现象吗？"

答："没有。"

问："那是人为的结果吧？警察局内有人将被告的血液滴到他的袜子上，那血液透过表层，一部分渗入里层，对吗？"

答："我们没有这样做。"

问："被告在滴血时，脚上穿着这双袜子，所以才会沾上血迹，这是你们的理论。然而被告的脚在袜子里，这几滴血怎会从一边渗透到另一边？透过被告的骨头吗？"

答："……"

经过一系列的攻防，诘问和反诘问每一位检察官的证人之后，究竟警探们是否制造证据，反而搞砸了案子，已成为疑问。

为了挽救局势，检察官使出最后一招：命令辛普森在法庭中当着陪审团将皮手套戴上左手。辛普森尝试了一下，显然手套太小，不合他的手掌。[③]

其实那皮手套本来就是他的用品，并没有疑问，争议点是它怎样从犯罪现场挪到被告的院落。即令他当场戴到手上也不稀奇，但当庭无法戴上，却弄巧成拙，变成检方的尴尬。

辩方的血液专家在法庭上作证，实验室中他发现袜子上的血液中，含有化学品乙二胺四乙酸（EDTA），通常实验人员会将其注入收集的血液中，防止它变质。也就是袜子上的血液，可能来自警局保存被告血液的容器。

警察们究竟有没有对证据动手脚？还是急功好利，在血液等证物上加工？动过多少手脚？变成陪审员们的疑问。

作证完毕，两方向陪审团作结论。

检察官表示警官的个人种族偏见，不会影响调查的公正，希望陪审员们客观地观察和分析证据。"我们提出像山一样高的证据，指向被告辛普森。"

辩护律师则大声疾呼，警察们有种族偏见，制造并污染证据，又在法庭中撒谎。"那只手套不合适，你们必须判被告无罪！"（If it doesnt fit, you must acquit!）

1995 年 10 月 3 日，媒体记者群聚于法庭外，在全国瞩目之下，闭门讨论短短 8 小时后，陪审团达成共识。在法庭中他们向法官，也向全国宣判 O. J. 辛普森无罪。[④]

然而，顾德曼的父母和妮可的家人依然深信辛普森是杀人凶手。洛城警局也不再追缉"真正"的凶手。辛普森虽然获得自由，却丧失了一切。

[①] "It didn't mater whether the defendant did it or not. What matters is the evidence against him——the proof, and if and how it could be neutralized. My job is to color the proof a shade of gray. Gray was the color of reasonable doubt." Abraham Lincoln

[②] People of California v. Orenthal James Simpson, Criminal Case No. 079211.

[③] M. L. Stein, Robotic Cameras of O. J. Trial, 1995.

[④] 2008 年 12 月 5 日，拉斯维加斯地方法院经过审判，以"持械抢劫"和"绑架"罪名，处辛普森33 年有期徒刑。他的犯罪行为与15 年前加州的谋杀案完全无关。

第十九章

经济间谍

1996 年 10 月，美国国会制定，总统签署一部法律生效，称为"经济间谍法"（Economic Espionage Act of 1996，18 U. S. §1831）。

次年七月，费城联邦检察官起诉第一宗经济间谍犯罪，被告是几位来自台湾地区的华人。这桩刑事案件所建立的判例具有历史性的价值，迄今已有超过七十多件刑事判决援引这项前例。

台湾地区有一家传统企业公司，希望进入生物化学领域，发展制药能力。公司的企划经理姓周，是位女性。1996 年 7 月，周女士联络到一位医药界的顾问，名叫哈特曼（Hartman）。哈特曼表面上是一名技术顾问，实际上是联邦调查局的干员，佯称自己是医药界的掮客。来自台湾的周女士却不疑有他，开始和哈特曼商谈。

从 1996 年 8 月 28 日到 1997 年 1 月 22 日，她和哈特曼多次交谈，要求寻找当时的防癌新药"汰癌胜"（Taxol）的制造技术。1997 年 2 月 27 日，哈特曼邀约台方代表到洛杉矶会面。台湾公司派技术组长詹姆斯·徐（James Hsu）代表出席。徐表示想获得"汰癌胜"的配方，并指定美国药厂"必治妥·施贵宝"（Bristol Myers）。哈特曼回答，取得药厂的配方相当困难。后来哈特曼在法庭上作证，指出徐组长曾说："我们不惜代价，一定要取得信息。"

其后，徐组长和周女士与哈特曼保持联络。哈特曼伴称已找到一位药厂技师愿意提供信息。周女士通过电子邮件指定制造"汰癌胜"的配方，台湾公司愿意出价 40 万美金。

1997 年 6 月 14 日，徐组长、周女士和一位台方特聘顾问何教授旅行到美国东岸费城，在一家高级旅馆中与哈特曼见面。哈特曼邀请那位药厂的技师一同前来。在会议室中，药厂的技师提出口头和书面解释制造"汰癌胜"的流程，书面文件上盖有"机密"图章。三位台方的代表详细提问，并表达高度兴趣。

只是台方代表当时并未察觉，会议全程皆已被调查局录像存证。

会议结束后，哈特曼和技师离去，潜伏在周围的调查局干员们则一拥而上，拘捕台方三人。1997 年 7 月 10 日，美国政府正式起诉徐组长、周女士和何教授，指控他们"意图窃取商业机密"，违反"经济间谍法"。

"经济间谍法"界定"商业机密"为："所有形态的财务、商务、科学、技术、经济或工程的信息，包括图形、计划、程序等有形和无形，而不论是收藏、电子储备、影像收集或书面纪录"（18 U. S. C § 1839（3））。

法律又规定，"商业机密"的所有人得采取"合理的方法"保护其机密。凡被保护的机密都受法律保护。如他人"窃取"或"意图窃取"商业机密，违反"经济间谍法"，将受刑罚，可高达 20 年有期徒刑。

本案是"经济间谍法"制定后的第一宗刑事案，备受各方瞩目。

三位被告可能被判长期徒刑，由他们的公司聘请律师群替他们在法庭中辩解。

开庭之前，辩护律师首先发难，提出书面异议。他们主张：

（1）法律文字以"合理的方法"去保护机密，然而文义暧昧不明，违反宪法（Kolender v. Lawson, 461 U. S. 352, 1983）。

（2）当时会议中，哈特曼和技师所提出的信息并非真正的商业机密。

（3）被告们不可能"窃取"并非机密的信息。因此既没有犯罪的标的物，便不可能构成犯罪。

这些抗议理由受到主审法官注意，他把开庭日期延后，经过几个月的考虑，才颁发一道书面意见。

主审法官裁示，法律中的文字"合理的方法"并非暧昧不明，譬如机密的所有人，如在书面上盖印"机密"字样，并在公司中使用保全措施将机密分开保护，未经准许不得接触，便是所谓"合理的方式"。

但主审法官对于"不能犯"——也就是"法律上的不可能"（Legal Impossibility）一点，却表示值得深思。如果当时哈特曼和药厂技师在会议中所提出的信息，并不是真正的商业机密，难道徐组长等人还算是犯罪吗？例如一个人意图谋杀另一人，朝他床上开枪，但床上只有棉被，而没有任何人，这还算是杀人未遂吗？所以主审法官认为，当时所提出的信息是否为真正的机密，应该是本案的关键（United States v. Hsu, 982 F. Supp. 1022 March 11, 1998）。

法官认为公司提供的信息应该公开，以确知它是否为真正的机密。然而药厂和美国政府却竭力反对在法庭中公布当时提供的信息。他们主张，既然是商业机密，即令在法庭中，也不应该提出讨论，否则等于公之于世。

于是政府便上诉到联邦高等法院，要求推翻地方主审法官的裁示。

1998 年 8 月 26 日（United State v. Hsu, 97 – 1965），联邦高等法院由 9 位法官开合议庭，判决下级法院主审法官的裁决不合法律原则，把它撤销。政府检察官在此赢得了初步的胜利。①

在冗长的判决书中，高等法院认为，如果在法律条文中单独使用文字，明文规定未遂犯是单独的犯罪，那么即令犯罪的标的物不存在，未遂犯仍然可以成立为单独的犯罪。"经济间谍法"中已有明文规定，"窃取"商业机密，和"意图窃取"机密，是两项分别的犯罪，因为文字上使用"或"这个字，将两项罪名分开。因此，当时所提供的信息，究竟是不是真正的机密，对于"未遂犯"（意图窃取）而言并非关键，所以下级主审法官的裁决是不正确的。

在高等法院中输了这一关，被告的律师团知道，适可而止才是上策，如果坚持进行审判，录像和画面证据一应俱全，罪证确凿，被告们难逃陪审团判罪和处重刑的危险。

1999 年 7 月 14 日，被告徐组长向法庭认罪。主审法官将何教授的诉讼撤销，还他清白。回头判徐组长两年有期徒刑，但缓刑两年，不必坐牢，只判他一万元美金的罚金。②

"你和你的家人，在过去两年中，已经受够折磨。"法官对徐组长说。

至于检察官对本案布置陷阱，诱惑他人犯罪一事，法官也表示不满："你们将这几位被告卷入漩涡中，令他们不能脱身，实在不应该。"法官同时也严厉申斥检察官。

本案成为"经济间谍法"的历史前例。[③]联邦高等法院合议庭的判词，已被超过70宗案件所援引。虽然只是"经济间谍法"范畴中的判例，却把"未遂犯"和犯罪标的物分开。也就是，即使被告所图谋的犯罪标的物不存在（例如，欲偷窃的机密不是真实机密、想卖的毒品不是禁药、想杀的人不在现场等等），法律依然可以处罚"未遂犯"或"阴谋犯"——这是对传统刑法的突破。

---

① United States v. Hsu, 97 – 1965, 1997.

② 1999 年 3 月 31 日，周女士向法庭认罪，被判罚金一万美元。

③ 近年来起诉判罪者甚多，例如，United States v. Hanjuan Jin, 833 F. Supp. 2d 97, 2013；United States v. Pin Yen Yang, 281 F. 3d 534, 1999；United States v. Devi（Criminal Case No. 97 – 00124），1999.

第十二章

怒海余生

阿尔文·莱瑟姆（Alvin Latham）在一家超市打工。超市位于路易斯安那州海岸一座名叫"威尼斯"（Venice）的小城。威尼斯市靠海边的渔人码头和港湾，是渔船和渔夫出入的地方。

2000 年 7 月，莱瑟姆在码头上遇到一位船长，名叫雷蒙德·赖克（Raymond Leiker），赖克船长告诉莱瑟姆，他原本渔船上的帮手最近辞职离开，问莱瑟姆有没有兴趣充当帮手，周末时出海打鱼捕虾，船长答应莱瑟姆付他一天 100美金的酬劳，莱瑟姆便答应愿意试试看。

周末两人便乘渔船出海。头一天相安无事，捕到一些鱼虾。第二天晚上，两人在海上遇到风暴，狂风暴雨，海浪升高十英尺。老旧的渔船受到损伤，即将沉没。船上却只有一件救生衣。

狂风巨浪中的 8 个小时之间，到底发生了什么事，成为以后争执的关键。

星期一上午，一条货轮在海上救起莱瑟姆，他身上穿着渔船上仅有的救生衣。莱瑟姆告诉货船上的人，渔船在怒海中沉没，船长不幸丧生。回到岸上，莱瑟姆向别人描述怒海余生的经过。他说，船长和他准备救船，可是渔船底部破裂进水，于是他们准备逃生。这时船长的右脚被渔网绞住。莱瑟姆尽力抢救，但解不开绕在船长腿上的粗绳和渔网。船长见自己难以脱困，便命令莱瑟姆穿上唯一的救生衣，跳离渔船逃生。

威尼斯城里的相识纷纷称赞莱瑟姆的勇敢，赞扬船长的牺牲精神。

过了 5 天，船长赖克的尸体浮出海面。经打捞回岸后，由法医验尸。法医认为船长身上有刀伤，右臂折断，胸腹上有瘀伤，不能排除他杀嫌疑。

警察拘捕莱瑟姆，根据法医的结论，指控他杀人。检察官以"过失杀人罪"（Manslaughter）罪名起诉莱瑟姆，要求法院判他无期徒刑。

在警察局中，莱瑟姆被讯问了 8 小时，期间不准吃喝和大小便。头 6 小时，莱瑟姆一再重复他逃生的故事，不承认杀害船长。但最后两小时，警察咄咄逼问之下，莱瑟姆逐渐软化，终于承认杀害船长，并且接受警方替他撰写的自白书，签上他的姓名。

警局留有全部侦讯过程的录像记录。

检察官指控莱瑟姆，为了抢夺船上唯一的救生衣，用利刃和捕鱼铁器攻击并杀害船长赖克，法官下令羁押莱瑟姆。[①]

莱瑟姆没有钱，法官指定一位律师替他辩护。律师名叫彼得·巴比（Peter Barbee）。

巴比律师到拘留所访问莱瑟姆，听到他逃生及被讯问的过程。律师要求法官命令检察官交出录像带和笔录。检察官起初拒绝，但辩护律师援引最高法院的判例 Brady v. Maryland 来说服法官，强迫检察官提出警察局留下的录像记录。

巴比律师看完录像带，阅读被告的自白书后心里有数。在法院的预备庭中，声明被告不认罪，要求选择陪审团，审判被告阿尔文·莱瑟姆。

两个月之后，设在钻石城（Diamond City）的地方法院开庭审判莱瑟姆，由法官选定 12 人陪审团。

检察官首先传唤货轮船长，在证人席中叙述打捞赖克尸体的经过。轮到被告的律师进行反诘问。

辩护律师问证人，当时死者有没有穿渔夫常用的长筒胶鞋。证人回答，只有左脚穿着长筒胶鞋，右脚没有穿鞋。

下一位官方的证人，是验尸的法医。他描述死者身上的伤痕，认为是刀伤。

辩护律师问法医，死者手上伤痕甚浅，胸膛上两道伤口深度超过 1 厘米，宽度约 1.5 厘米，是不是刀伤？法医回答，应该是刀伤。律师问："伤口内的肌肉向外翻出，并且失去了部分肌肉，是利器刺入的结果吗？"法医仍然肯定。

律师再问："海上浮尸常被路过的船只螺旋桨打烂，这些伤痕难道不是尸体在海上被轮船螺旋桨搅动留下的吗？"

法医回答："不像。"

检察官安排的下一位证人，是侦讯被告的警探。在证人席中，警探证实，被告已承认杀害船长，并且出示被告签名的自白书。

轮到辩护律师反诘问，他问警探："警探，侦讯被告之前，有没有告诉他，如果他要求停止，侦讯将立即停止？"

警探答："没有，但被告没有要求我们停止讯问。"

问："被告曾要求上厕所，是吗？"

答："他没有坚持。"

问："提供他喝水或食品吗？"

答："被告没有要求。"

问："侦讯长达 8 小时，被告的自白，不是他自己情愿的吧？"

答："经过长时间的开导，被告终于良心发现，所以需要那么长的时间。这不是一件容易的事。"

律师要求法官，准许在法庭中播放警局录制的录像磁盘。法官裁定，请工作人员协助，布置并开启机器，放送录像给陪审员们观看。

他们在录像中看到，警探凶暴地对待莱瑟姆，一下好言相劝，一下威逼利诱，被告要求喝水、小便、休息，一概不准。6 小时之后，被告完全屈服，重复警探告诉他的每一句话，乖乖承认自己为了争夺唯一的救生衣，用切鱼刀刺死船长。

第二天，轮到辩护律师提供证人，他传唤一位心理学家。在证人席中，专家说明，莱瑟姆的智商只有 71，年 48 岁，意志薄弱，被警探逼问，只知道除非承认一切，否则不能脱身，所以就乖乖地接受警探的全部说法，并且在自白书上签名。

作证完毕后，由两方对陪审团作结论。

检察官提醒陪审团，法医鉴定船长死因，是被利器刺死。警探讯问被告的过程，全部都有录像记录，没有隐瞒。

大家看到，莱瑟姆自己用笔在自白书上签名，并无犹疑。所以陪审团应该判他有罪。

辩护律师作结论时，痛责警探非法侦讯被告，使用心理压迫，利用被告的弱智逼迫其认罪："这种侦讯的方法，违反一切的职业伦理和法院判例。"

此外，辩护律师指出，船长的尸身上只有一只长筒胶鞋，符合莱瑟姆的描述，因为他另一只脚被绳索套住，"显然另外那只胶鞋已经随船沉没海底。"

至于船长身上的伤口，大于利器刺入的伤口尺寸，并且伤口内的肌肉，部分向外翻出，部分遗失，与被海上轮船的铁桨击伤之创口完全相符。

审判完毕，陪审团讨论 6 小时，告诉法官，他们决定宣判被告阿尔文·莱瑟姆无罪。[2]

事后其中一位陪审员对媒体表示："伤口的确有疑问；那只失落的胶鞋是关键，而警探逼问被告，则弄砸了全案"[3]。

---

[1] State of Louisana v. Alvin Latham, 55 – 550, 2000.

[2] 辩护律师说："莱瑟姆对别人无害，但检察官硬要起诉，幸亏陪审员们明智，看清事实。这是我最艰难的一件审判案。" New Orleans News, 3/24/2008.

[3] 合众社 9/12/2002。

第二十一章

法庭外的言词

1999 年 8 月 3 日，美国西北部华盛顿州的西雅图市，一位居民肯尼·李在他的公寓中被人刺伤。案发后警察拘捕迈可·克劳福，指控他是凶手。在警局中侦讯时，警方先对他诵读米兰达警语后（被告可要求律师协助或保持缄默），再依合法程序问他问题。被告克劳福表示，肯尼·李曾经企图强奸克劳福的妻子，所以他带着妻子前往肯尼的公寓去质问。争吵过程中，肯尼伸手到口袋中掏武器，所以克劳福便抢先动手用尖刀刺伤肯尼·李。被告克劳福说当时他妻子茜维亚·克劳福在场目睹。因此克劳福主张，攻击肯尼是为了"自卫"而被迫的合法行为。

警探将克劳福与其妻子茜维亚分开讯问。以下称她"证人"。下面是询问的笔录（书面和录音记录）：

警察问："肯尼·李有没有攻击你先生?"

证人答："（犹豫片刻）我只知道他当时将手伸进口袋去拿东西，但我不知他打算拿出什么。"

问："在他被刺之后吗?"

答："他看到迈可走向他，他便抬手，暴露胸膛，他可能企图伸手攻击……或者……（语音不清）。"

问："好，请你大声点。"

答："好，他举手过头，也许是想打迈可或拦阻迈可的手，然后他放下手，伸入口袋……又退后一步……迈可用刀刺他，他的两手像是……我该怎样解释呢……打开两手……手掌打开，他向后跌倒，然后我们便逃跑了（用手势比划被害人面向被告，两手前伸）。"

问："好，他站在那里，这样伸出两手，你在描述肯尼·李，是吗?"

答："是，在事发之后，是的……"

问："你看到他手中持有何物?"

答："（犹豫），哦，我没有看到。"

茜维亚这一段在警局的录音谈话，显然对她丈夫不利。华盛顿州的法典中有一条法律保护夫妻关系，禁止政府或法院强迫夫妻之间在法庭中彼此作证伤害对方，也就是保护夫妻之间的私人沟通，政府不得强制他们对彼此作证。

这叫做"夫妻隐密权"（Spousal Privilege）。除非夫妻两人同意，法院不能强迫妻子出庭作对先生不利的证词，或强迫丈夫对妻子作不利的证词。

茜维亚在警局的证词既然对她丈夫不利，于是在开庭审判时，茜维亚·克劳福便拒绝出庭作证。另一方面，检察官既然有责任在法庭中证明犯罪的全部构成要件，特别要反驳被告克劳福自称在行凶时是"自卫"，便必须要向陪审团提供这一段茜维亚的笔录。因为它是关键证据，能有力反驳被告"自卫"的主张。然而在法律保护之下，被告的妻子有权拒绝出庭作证。

不得已之下，检察官便在法庭中提供克劳福太太的笔录，并且播放侦讯的录音给陪审团聆听。

被告的辩护律师连忙起立，向法官表示反对。他申辩："庭外第三者所作的证词，是典型的传闻证词。因为证人本身并未出庭作证，被告没有机会在法庭中反诘问她，我们也没有机会盘问证人，追寻真相。因此这段录音是必须排斥的传闻证据，法官如不排斥这段录音，便违反了美国宪法第六修正案，它保障刑事被告有权在法庭中与证人'对质'（Confrontation）。"

检察官立刻起立反驳，主张录音记录应可在法庭中播放："克劳福太太在警局的证词，是可靠的合法证据。虽然法律上'夫妻隐密权'保护她可以拒绝出庭作证，然而为了追寻真相，检方有权提供她证词的录音，让陪审团知悉真正的犯罪过程。"

考虑之后，主审法官裁示，准许政府在法庭中播放这一段对被告不利的录音。审判结束时，陪审团判克劳福杀人未遂和重伤害罪，并且不接受他"自卫"的防御主张。[①]

克劳福被判罪后，他的律师替他上诉，主张初审法院剥夺他在法庭中的防御权，容忍庭外第三者所作的传闻证词，违反美国宪法第六修正案保障的"对质权"。

2004 年 3 月 8 日，联邦最高法院宣布判决。[②]

证人没有在审判时出庭作证，但他曾经事前提供口供。口供经证实为可靠，检察官在法庭中，能不能提呈证人的口供，让陪审团知晓？

更进一步来说，"对质"的定义究竟为何？

在法院审理的历程中，政府的检察官和被告的辩护律师之间的攻防，是美国法律制度中的精华。在法官和陪审团面前，政府与被告立于平等的地位。两方都有机会传唤证人，两方都有机会诘问己方和对方的证人。政府用直接的问题问它的证人们，引导他们作证，这叫"主诘问"。被告的律师可以反问政府的证人们，突破他们的证词，这叫"反诘问"。在法官的监督下，两方的攻击，有过滤、考验证词的真实性和可信度的功能。所以诘问证人，是美国法庭审判程序中最基本和最重要的环节。

美国宪法第六条修正案，保障刑事被告"质问"证人的权利。"质问"便是被告在法庭中反诘问政府所传唤的证人。

"传闻证据"是一位证人在开庭中重新叙述他于庭外听到的另一个人的说词。说词的来源是另外一个人（第三者），而那人又不在法庭中，所以被告（也是两方）的律师没有机会去质问那位第三者，无法反诘问他，法庭中也就无法证实或置疑那个第三者的说词。"传闻证据"不是可靠的证据，所以法院向来排斥这种无法求证的"证据"。③

200多年以来，美国各州的法院判例和后来制定的法典，都采纳这项证据原则。同时，大多数州接受几种例外情况：一种例外是临死的人所作的供词，好比中国谚语："人之将死，其言也善"（见本书第一章）；另一种例外，则是证人有合法理由不克出庭作证（譬如正在伊拉克作战的士兵）等。基本理由，是检察官遭遇无法克服的障碍，以致不能传唤证人出庭作证。一般规定如果检察官能说服法官，庭外第三者证人虽不能亲自出庭作证，但他的供词应该是可靠的，那么法官可以准许让陪审团聆听此供词。

本案中的检察官便运用"证人因合法理由不克出庭"

的例外，向法院提呈克劳福太太在警局的供词，而主审法官裁定准许他播放录音给陪审团聆听。

现在陪审团在法庭中听到克劳福太太的录音，便不接受克劳先生"自卫"的主张，而判决他有罪。克劳福不服，上诉到联邦最高法院，主张原来主审的法官错误地准许陪审团听到这种"传闻证据"。

面对被告的上诉，联邦最高法院怎样判决呢？

最高法院宣布，如果证人缺席，政府不得在法庭审理中使用他在庭外所作的供词，因为宪法第六条修正案明文规定，刑事被告有权"质问"对他不利的证人。最高法院解释，"对质"指刑事被告在法庭中当场诘问出庭作证的证人。法院的判词指出："对抗制（Adversary System）是美国法制的传统。对抗制便是允许刑事被告有机会反驳证人，为自己辩驳。而辩驳的主要方式，是在法庭中诘问和反诘问证人们，在陪审团面前考验他们证词的正确和真诚。剥夺被告这种机会，非常不公平而且会损害法庭程序的公正和尊严。"华盛顿州的法院容许检察官在庭审中播放克劳福太太的供词，却不给被告机会当庭与证人"对质"，违反了美国宪法所保障的"对质权"。因此，最高法院判决推翻原判，发回原来的地方法院去更审。

经过克劳福案的判决，最高法院提升了传统证据法则的地位，变成全国上下各级法院都应遵守的宪法原则。证人在庭外的供词，无论多么可靠，都不可在法庭中提出，除非证人亲自出庭作证，让刑事被告有机会当庭诘问证人。

迈可·克劳福赢了上诉，案件被发回重审。在华盛顿州的地方法院重审时，检察官不再依赖他妻子的供词，而运用客观的证据，并传唤被害人肯尼·李前来作证。陪审团还是判决克劳福犯伤害罪和杀人未遂罪。克劳福服刑5年之后，现已获释回家。但他妻子茜维亚已与他离婚，不知所终。

然而本案对最高法院今后的判决却有深远的影响。

美军攻占阿富汗和伊拉克之后，捕获许多战俘，囚禁于国外的秘密监狱中。中央情报员派员逼取他们的口供。但他们的口供，却是"法庭外的言词"。

如果在克劳福判例之前（即2004年以前），主审法官还可以裁定准许在审判中使用这些第三者的庭外供词，由于证人因为"合法原因"不克出庭作证，检察官也许还可以在法庭中使用他们的供词，然而"克劳福"判例之后，于法庭使用这种供词（见本书第二十六章），从此被明文禁止。

"克劳福"判例在各级法院中，增加了政府检察官审判的困难，却更加保护了刑事被告的权利，并且使法庭中的认证和供词更为周详彻底，以免冤枉无辜的老百姓。

---

① Washington v. Crawford, 147 Wash. 2d 171.

② Crawford v. Washington, 541 U. S. 36, 2004.

③ Delaware v. Vanarsdall, 475 U. S. 673, 1986，最高法院指出刑事被告有权在法庭中"弹劾"（impeach）对方的证人，而"传闻证据"使被告丧失"弹劾"的机会。

第二十二章

总统的演说

中央情报局（CIA）、国家安全局（NSA）和其他情报系统（如国防部情报局），情报员和卧底的秘密干员，他们的姓名、身份和工作都受到法律保护。非法泄露情报员身份，将受判罚 5 年至 20 年有期徒刑。这部法律叫"情报身份保护法"（Intelligence Identities Protection Act of 1982，50 U.S.C. §421）。

2001 年 9 月 11 日，美国纽约和首都华盛顿遭受恐怖攻击，造成 3000 人死亡。

恐怖组织领袖住在阿富汗，他们的大本营和训练基地也设在阿富汗。2001 年 10 月 7 日，美军开始进攻阿富汗。

白宫也计划攻打伊拉克，便积极寻找伊拉克与恐怖组织的关系，收集各种情报，但苦无直接证据。白宫便改变焦点，主张伊拉克自己意图制造"大规模杀伤性武器"（Weapons of Mass Destruction，简称 WMD），准备攻击邻国和美国。于是白宫打算扩大情报范围，努力收集关于伊拉克制造和储藏大规模杀伤性武器的信息。

中央情报局受到白宫的压力，日夜工作。情报局有一位资深女情报员，名叫凡娜丽·卜兰（Valarie Plam），她的丈夫威尔逊（Joe Wilson）曾担任美国大使，出使非洲国家尼日尔。情报局得到来自英国的谣传，伊拉克曾经与尼日尔政府交易，透过尼日尔购买制造原子弹需要的铀，转卖给伊拉克。卜兰情报员推荐丈夫威尔逊到尼日尔去打听并证实这项谣传，因为他与尼日尔的政商界关系良好。

2001 年年底，威尔逊奉密令前往尼日尔。

次年 1 月 28 日，布什总统在国会作年度的国情报告，强调伊拉克正在制造原子武器、毒气和生物武器，威胁美国和全世界"文明国家"。国情咨文中竟使用 16 个字明指伊拉克与非洲某个国家合作，谋取原子弹的原料。[1]

威尔逊的实地调查在月前已经完成，并且已经向中央情报局提出报告。

5 月 6 日，《纽约时报》刊登一位特约专栏作家的文章，指出布什总统演说中的 16 个字没有事实根据，并说明有一位不知名的前任大使，于 2001 年亲自到非洲国家尼日尔调查，结论是谣言完全不实，并可能出自虚假的情报。白宫高层对媒体的质疑，甚为震怒。

5月29日，副总统切尼的秘书长刘易斯·利比（Lewis Libby）询问国务院的副国务卿，"时报"描述的无名大使究竟是何人。6月9日，副国务卿向利比报告，是威尔逊。三天以后，国务院告诉利比，威尔逊的妻子卜兰是现职情报员。

《华盛顿邮报》也报道，总统演说中关于非洲国家的16个字没有根据。而副总统秘书长利比则向《纽约时报》的女记者茱迪·米勒（Judy Miller）批评《纽约时报》披露此事。

7月6日，威尔逊大使署名的专文于《纽约时报》见报。威尔逊详细叙述他的调查经过，结论是总统的16个字完全不实。7月8日，威尔逊出现在国家广播公司（NBC）的特别节目《与新闻界见面》（Meet the Press）。主持人蒂姆·拉瑟特（Tim Russert）是位非常受尊重的资深记者。威尔逊表示，他相信副总统切尼根本不知道真情。

白宫的幕僚也告诉利比，威尔逊的妻子是中央情报局的秘密干员。利比曾向《纽约时报》和《时代杂志》的两位记者泄露威尔逊的妻子是情报员，而利比本人佯称此事是其他记者告诉他的。

实际上，利比在 6 月早已知道威尔逊的妻子是中央情报局的秘密干员。告知他此事的人正是副总统切尼。

这些细节的重要之处，在于后来利比对检察官、调查局探员和法院否认他对此事知情，因而犯了伪证罪。

威尔逊大使批驳布什总统的文章和电视访问播出之后，白宫高层颇为尴尬和愤怒。当时白宫正在积极准备进攻伊拉克，布什和切尼正在说服国会并影响民意，而威尔逊和媒体的质疑，有可能令美国冒上"师出无名"的风险。

7 月 11 日，各大报纸转载名专栏记者罗伯特·诺瓦克（Robert Novak）的专文，表示"政府高层人士"泄露威尔逊妻子卜兰是中央情报局的秘密干员。

泄露这种机密触犯联邦刑法。不但如此，身份一旦暴露，卜兰从此不能继续从事情报工作。累积多年经验的秘密生涯，将告泡汤。

同时，卜兰周边的情报网也将面临被外国反情报系统入侵的危险。

暴露卜兰的秘密身份，显然出自白宫的报复行为——摧毁威尔逊妻子的生涯，因为他公然批评总统。专栏记者诺瓦克说："我没有主动挖掘这件事，这是他们送给我的情报，是他们故意提供的。"

联邦司法部注意到这则犯法的新闻，任命特别检察官 9

月起开始调查。经过两年的调查，追寻线索到白宫副总统办公室。调查工作非常艰难，因为知情的记者如诺瓦克和《纽约时报》、《时代杂志》等，拒绝与调查员合作，以保护新闻来源。

检察官传唤有关的官员，请他们宣誓答应说实话后讯问他们详情，追寻泄露机密的人。宣誓之后，利比说："国家广播公司的记者拉瑟特，7月曾问我威尔逊的妻子是不是中央情报局的干员，并且表示媒体已探知此事。"

实际上拉瑟特没有问这个问题，也没有这样表示。

利比对检察官和调查局干员说，当那些记者告诉他，威尔逊的妻子是情报员时，他非常吃惊，因为他原本不知此事。检察官则查出2002年6月份，一共在11个场合中显示，利比知道卜兰是情报员。7月8日他才见到拉瑟特记者，又自称拉瑟特于当天告诉他这件事，而当时他不知情。

明显地，利比主动向媒体泄露卜兰的秘密身份，事后则对检察官和法院佯称是从媒体处得知此事。他宣誓后的陈述，完全不真实。

2005年10月31日，联邦检察官指控利比误导调查人员、阻碍执法程序，触犯5项"伪证"罪名。检察官求刑25年。[②]

华盛顿联邦地方法院于2007年开庭审判。

　　检察官传唤广播记者拉瑟特作证。拉瑟特说，2002年7月初与利比会面时，并没有提到卜兰的姓名或她的身份。

　　联邦调查干员作证，宣誓之后，利比否认自己早在2002年6月份知道卜兰的秘密身份，坚持是7月份才从记者处打听得知。

　　《时代杂志》的记者作证，是利比告诉他（而不是他告诉利比）卜兰替中央情报局工作。

　　《纽约时报》记者米勒在证人席中拒绝回答问题。法官警告她之后，才作证说利比曾告诉她，卜兰是情报员。

　　另一位调查局探员作证，相信副总统切尼早已获知卜兰的秘密身份，因为他在2002年6月已通知利比。然而在侦讯时，利比却矢口否认。

　　白宫新闻秘书被传唤上庭作证，高层官员焦急地掩盖并解释布什总统向国会演说中的16个字（伊拉克向非洲买原料）。

　　"伪证"罪的构成要件，在于证人宣誓答应讲述"唯一实情"，然而回答问题时，在"重要事实"上却没有讲真话。伪证罪不容易成立，必须另有两位以上的人也宣誓作证，陈述不同的事实，或者提供文件，证明原来讲的话不是实情。利比的问题相当严重，他已经在法庭中面对好几位证人，对他的证词存有异议，而利比当初讲话的内容，提到某人泄露中央情报局的秘密，当然是"重要事实"（18 U. S. C. §1503）。

除非他能证明自己讲的是实话，或自己糊涂到没有能力故意说谎，否则难逃罪刑。

辩护律师坚称，利比只是太忙，记不清日期的次序，所以在回答调查员的问题时，才会犯下无意的错误，并没有犯罪意图。

检察官在法庭播放一段录像，其中利比对检察官说："星期二副总统告诉我卜兰是情报员，之后我就忘了，直到星期四，听到记者的话才又想起来。"

审判全程，被告利比没有上台为自己辩护。

2007 年 3 月 7 日，陪审团宣判利比有罪。2007 年 6 月 14 日，主审法官判利比 30 个月有期徒刑，罚金 25 万美元。

事后一位陪审员对媒体说："广播记者拉瑟特的证词最重要。两人的话黑白分明，若不是拉瑟特说谎，就必定是利比作伪证。我们相信拉瑟特。"

另一位陪审员说："记性不好是最糟的借口。星期二知道，星期四忘掉，记者告诉他，他又很吃惊？这种事简直没有道理。"

威尔逊大使说："这是法院的胜利，我们是民主法治，没有人能高于法律。"

利比是近年来被法院判罪的最高级行政官员。律师替他上诉，却被高等法院驳回，最高法院也不受理。2008 年底将执行徒期，押他入狱的前夕，布什总统下令特赦利比。

卜兰后来从中情局退休。而美军攻占伊拉克超过 10 年，始终没有寻获任何"大规模杀伤性武器"，也没有找到丝毫相关证据。

---

① 布什总统在报告中的 16 个字如下："The British Government has learned that Saddam Hussein recently sought significant qualities of uranium from Africa." 其中"英国政府获知"、"萨达姆最近从非洲寻求"、"大量铀"，每一句都不确实。历史证明，没有事实根据。

② United States v. I. Lewis Libby, CR. No. 05–394（RBW），Case No. 05–er–00394–RBW，2006.

③ "中情局泄密案利比被判有罪"，《华盛顿邮报》（Washington Post）2007 年 3 月 7 日。

第二十三章

超急切的追诉

犯罪发生后，警察应该急切地侦查，侦缉完毕，再把证据提交给检察官。而检察官负责淘汰没有价值或不能使用的证据，如果证据不够充分，应该叫警察再侦查，发掘更多的证据。因此，检察官可以说是把守法院的第一道防线。

"超急切"（Overzealous）意指过分急切地办案，证据不足还不肯放手。

1991 年，苏维埃社会主义共和国联盟崩溃，一夕间丧失对东欧的控制，卫星国家纷纷独立，只剩下本土的俄罗斯。冷战到此结束。

美国情报人员开始注意中国，拥有原子弹、太空卫星和庞大军力的中国，变成美国军方和情报系统的新假想敌。

1993 年，国防部和中央情报局根据情报，认为中国正在发展新型的核子弹头，他们叫它是"聪明炸弹"（Smart Bomb）和核子弹头（W－88）。

政府官员怀疑中国偷窃了美国的核子机密。能源部的维安人员认为设在新墨西哥州的洛斯阿拉莫斯国家实验室（Los Alamo National Laboratory）（下称"实验室"）可能泄露核子秘密。实验室是研究核子武器的高度秘密机关，属于能源部管辖。

实验室的保安人员和能源部的官员共同侦查。他们作出结论：泄密的人员必定是在职的华裔科学家或工程师。这个人持有高层次的安全许可（High Clearance）。

联邦调查局参加调查。聚焦于实验室内部，而且逐渐集中在一位工程师身上，也就是说，调查人员同时忽视了百名，甚至千名可以接触这种秘密，却不属于实验室的人。

这位被集中调查的核子工程师名叫李文和，在实验室的 X 部门工作。X 部门是极机密的单位。李文和在这个单位工作了 20 多年。

调查局的出发点在于，有犯罪行为（偷窃秘密）却找不到犯罪嫌疑人，于是他们开始怀疑李文和。

1994 年中国派遣一批科学家访问美国。访问团抵达实验室，实验室的官员在会议厅招待他们，听取简报。这时，没有被邀请的李文和竟进入会议室，与中国访问团的领导人握手寒暄。他的外籍同事和老板都相当吃惊。

原来几年前李文和到北京时，曾在旅馆中结识这位中国科学家。这件事他没有向实验室报备。

调查干员发现，从1993年起，李文和开始使用计算机操作，把高度机密的信息转到保密度较低的储备档卷，又把其中"机密"的标示删除。到他离职时，已从高度保密（SRD红色标示）档案中下载300多宗信息到普通计算机文件（绿色标示），而他这项行为原因不明。

因此调查干员锁定李文和。1995年，调查局指派60名干员进行调查工作。3年之内，干员们访晤了一千人次，搜查了一百万件计算机数据。媒体得到消息，奔走传播。

1999年3月6日，《纽约时报》头版刊载两则新闻，报道调查的详情，并且指出嫌疑犯是李文和，强调这是一件间谍案。3月10日，新墨西哥州的主要报纸《阿尔布开克日报》（The Alburqurque Journal）报道，李文和已被实验室开除，政府正在调查他是否为间谍。

这也显示，政府里有人泄露调查的内情。

李博士在X部门工作多年，1998年12月23日，实验室将他调到另一个职位，隔绝他和高层次的机密信息。次年，实验室将他解职——就在《纽约时报》揭露消息的第三天。

12 月 10 日，联邦检察官起诉李文和，控告他 59 项罪名。法律根据是"原子能源法"（Atomic Energy Act, 42 U. S. U. § 2276），要求法院处刑 20 年到无期徒刑。[①]

起诉书指控他下载高度机密文件，意图伤害美国或使外国取得战略优势。但起诉书没有指控被告是间谍，也没有指控他把下载的秘密传给外国政府。

究竟间谍事件是否实际发生，调查局还没有答案。现在的局面与开始时相反：现在政府锁定了犯罪嫌疑人，却找不到犯罪内容。

起诉之后，必须提讯（Arraignment）被告，把被告带到法官面前，由法官问明他姓名等身家资料，告知他所面对的罪名，以及决定怎样处分被告——让他交保在家等候开庭，还是羁押被告。

在法庭里，检察官坚持应该长期羁押李文和。主审法官表示，被告有权要求保释，除非有特殊原因，法院应该让被告交保。"也许将他禁足在家，等候开庭"法官说。

"法官，"检察官表示异议："政府已安排证人，说明不能交保的理由。"

两位证人前后上庭作证。第一位名叫史蒂芬·杨格（Stephen Younger），国家实验室主管原子武器的副所长。杨格说："李博士从实验室计算机下载的信息，如果落入他人之手，可能会改变全球的核子均势。"

第二位证人名叫保罗·罗宾逊，是另一所国家实验室（Sandia National Laboratory）的主管。他对法官说："当考虑禁闭李博士的条件时，法官，我相信，你面对的是用国家作赌注的决定。"②

听到专家们这般严重的警告，法官勉强地命令，将被告羁押候传。

李文和被加上手铐脚镣，关入拘留所，独居囚室，与外界隔绝，一关就是 267 天。

科技界人士质疑这件起诉的声浪越来越大。许多专家认为，李文和下载的信息并不是高度机密的信息，其实许多国防工业的公司，都持有这些保密资料。参议员理查德·布莱恩（Richard Bryan）便说，检察官大概可以在 540 个政府单位中找到这种信息。

当检察官起诉李文和的同时，他的律师到联邦法院去控告政府三个部门——司法部、能源部和联邦调查局——指它们违反"隐私保护法"（The Privacy Act, 5 U.S.C. § 52a）。这些机构非法泄露刑事调查细节，伤害李博士的私人权益。这是民事诉讼，在华盛顿联邦地方法院进行。

律师使用法律程序调查泄密的政府官员。行政部门的官员却三缄其口，而媒体则继续传播有诽谤倾向的报导。

李文和的律师说服法官，传唤几家主要报纸和电视台的记者，盘问他们新闻的来源。5 位记者拒绝出席回答问题，理由是保护消息来源，维护新闻自由。10 月 3 日，法官一怒之下，判这些记者藐视法庭罪，命令这 5 位记者每天分别缴纳 500 美元罚金，直到他们肯回答问题为止。③

报馆和电视台替记者们上诉。华盛顿的联邦高等法院则驳回他们的上诉，认为法庭的程序和诉讼当事人的权益，比新闻自由更重要。高等法院维持地方法院藐视法庭的原判，命令 5 位记者回答问题，或者每天缴纳 500 美元罚金。

被关在监狱中的李文和不见天日，每天只准在监狱范围内散步一小时，其余时间关在牢房中，除了被调查员审问之外，不准讲话。

调查员们对他威逼利诱。这时外界的风声甚紧，国会开始对李文和案听证，舆论对李文和转为同情，而调查局找不到一丝证据来证明他是间谍。科技界的专家皆认为中国有能力自行发展 W–88 弹头，无须偷窃美国的秘密，况且李文和下载的计算机信息，并非了不起的机密。

最后，检察官逼李文和自白，承认自己是间谍，草草结束此案，以维持颜面。

调查员更威胁李文和，除非他自白，否则将来必定会判他死刑。

2006 年 5 月，检察官无法逼被告自白，又苦无证据在法庭中说服陪审团，走投无路，便与李文和的律师谈条件。如果李文和只承认一项罪名——非法下载实验室计算机中的信息，政府答应撤回另外 58 项起诉的罪名，并建议主审法官对被告从轻发落。

2006 年 6 月 2 日，被告在法庭中向法官表示，承认一项罪名。检察官报告，撤销另外 58 项罪名。法官判被告一项下载信息的罪名，徒刑等于被告已经被禁闭的天数——267 天。稍后法官当场释放被告，并向他道歉，当时命令羁押他，基于政府证人在法庭中夸张不实的证词。法官对被告说：

"对于政府不公平对待你，我诚恳地向你道歉，李博士。……这是我们国家的窘困，作为这个国家的公民，我们每一个人都应该觉得羞愧。"④

在华盛顿双管进行的民事诉讼中，政府也与李文和谈妥和解，新闻界也参加了这项和解。政府支付李文和的诉讼费用达美金 90 万元，而媒体支付美金 75 万元，李文和答应撤回民事诉讼。

政府和媒体为了顾全面子，支付的金钱称为"诉讼费用"，不是赔偿损失，所以等于没有认错。媒体在这点相当聪明，那 5 位拒绝回答问题的记者，每天各缴 500 元罚金给法院，案子拖下去，媒体的损失更大，75 万还算便宜。

李文和案的历程，或许可以在政治层面另作解读。

1999 年是美国总统的大选年。克林顿总统任期届满，民主党提名现任副总统戈尔为候选人。前两年，有几位政客希望成为下一任的副总统人选。其中最有希望的，是比尔·理查森（Bill Richardson）。理查森曾任美国驻联合国大使，是新墨西哥州出生的西语裔杰出政治人物。当李案发生时，理查森是能源部长。中国偷窃原子秘密的谣言一旦出现，共和党的政客和支持共和党的媒体便开始操作，目的是打击理查森，并且打算在竞选期间，用中国做假想敌，刺激选民的危机意识，倒向共和党。

内幕官员不断地泄露调查过程的细节，也另有目的。

实验室由理查森管辖，其中爆出间谍事件，造成他的名声受损。最终民主党没有提名他为副总统候选人。戈尔选择利伯曼为副总统候选人，然而犹太人利伯曼对西语族裔选民欠缺号召力。当年 11 月 2 日，全国大选，戈尔几乎失去新墨西哥州选民的支持（险胜 360 票）；在佛罗里达州，戈尔没有获得西裔选民的支持，最后输给共和党的布什。

国会指定一个小组调查李文和案。2008 年，小组完成工作，提出一份 800 页的调查报告，它的结论是：调查人员和检查官"超急切"地追诉没有根据的间谍传言，造成李文和的个人伤害和国家的损失。

至于最初谣言从何衍生，媒体的消息来源又是谁，始终没有查出真相。

---

① United States v. Wen Ho Lee, Criminal No. 99－141, 1999.

② 检察官还说：调查局加派 240 名干员，24 小时监视报告。羁押他省钱省事。

③ Wen Ho Lee v. Department of Justic, et al Civil Action No. 99－3350（TPJ）.

  法官命令新闻记者合作。

④《阿尔布开克城新闻》第一版，2006 年 6 月 3 日。

第二十四章

资深参议员

阿拉斯加是个遥远而寒冷的州，面积很大，却人口稀少，以出产石油、天然气和矿产著称。阿拉斯加的政治圈很小，政客、政敌和商人彼此相识。这一州最有影响力的政客名叫泰德·史蒂文斯（Ted Stevens），已经连任 7 届联邦参议员达 42 年之久，是参议员中最资深的共和党籍参议员。史蒂文斯替阿拉斯加争取大量联邦经费，在政策和立法各方面，对本州都有影响。所以他经常被周围的游说集团和企业领袖所包围。

史蒂文斯的成年儿子班·史蒂文斯（Ben Stevens）也是地方级的州议员。他和一些商界人士密集来往，后来引火烧身。

2006 年，有人向地方检察署检举，当地石油公司

"Veco Corp."向班·史蒂文斯行贿。经过调查，发现 Veco 公司的老板比尔·艾伦（Bill Allen）无偿支付给他24.3万美金，显然是贿赂。艾伦被密集调查，决定与检察官合作，要求不起诉他，交换条件是"小鱼钓大鱼"，提供贿赂老参议员泰德·史蒂文斯的证据。

2006年底，联邦调查局持法院的搜索令，搜索老参议员在阿拉斯加的别墅、位于华盛顿的住宅和参议院办公室。因为老参议员的地位，本事件引起全国注目。

2008年7月20日，华盛顿的检察官向法院起诉，[①]指控参议员"接受无偿的金钱、服务和有价物品，而没有向参议院申报。"也就是说，他不一定是接受贿赂（因为他还没有替艾伦取得任何利益），但联邦法律规定参议员必须据实申报他们的财产和所得，违法不申报者可处5年以下有期徒刑（Ethic in Government Act）。

84岁老参议员从艾伦那边拿到什么好处呢？

艾伦派遣 Veco 公司的员工，替参议员修理并改建他在阿拉斯加的别墅，将一间木屋改建成两层楼的豪华住宅。艾伦告诉调查员和检察官，Veco 公司前后花费了25万美元，但参议员本身只支付了16万美元。所以他至少获利9万美元，而没有依法申报。

2008年9月底，联邦法院开庭审判，关键证人艾伦向陪审团作证，详细叙述他和参议员的关系。

1999 年，艾伦购买一部 SUV 送给参议员，交换他老旧的福特牌汽车；1999 年到 2006 年，他常和参议员外出打猎，饮酒作乐，开销由艾伦全额支付；同一时段，参议员试图设法安排联邦经费，希望资助 Veco 在巴基斯坦发展石油事业；2006，派遣员工替参议员整建他的别墅。

被告参议员史蒂文斯上台作证，替自己辩护。他声称自己在华盛顿工作繁忙，不可能注意阿拉斯加修理别墅的琐事。并说自己曾支付 16 万美元给 Veco，并写过两封信给艾伦，要求 Veco 出示账单，以便支付全额。"我绝对没有故意隐藏任何不当的收入或所得。"参议员在证人席中坚定地表示。

关于建屋的价值，艾伦则在证人席中笃定地说，起码 25 万美元。

参议员的辩护律师是华府著名律师布兰登·苏利文（Brandon Sullivan）。他这样反诘问艾伦："连同建材、设计和工程费用，全部花费是多少？"

答："超过 25 万元。"

问："在调查过程中，你曾提供不同的金额，对吗？"

答："从来没有，向来一致。"

这时苏利文律师已经获得密报，艾伦的证词不一定真实。辩护律师苦无凭据，只好预先设下陷阱，准备将来再攻击这位关键证人。

苏利文随后向主审法官要求，命令检察官提供全套的调查记录，包括艾伦对调查局历次的谈话。他向法官解释："根据最高法院的指示，检察官手上如果持有对被告有利的信息，应该提供给法官和辩护律师。我援引 Brady v. Maryland 和 Gilio v. United State 两项最高法院的判例。"

主审法官问检察官："你们手上有没有对被告有利的信息？"

检察官回答："绝对没有。我们已经尽量合作。"

接着律师追问证人艾伦：

问："参议员曾发两封信给你，要求账单，记得吗？"

答："当然记得，但那是他的障眼法。"

问："什么意思？"

答："同一时段，参议员的一位邻居告诉我，不必在意，那是参议员故意制造书面记录，保护他自己的方法。"

问："邻居何时这样告诉你？"

答："接到第二封信的同时，他表示受参议员之托，前来通知我。"

辩护律师又向法官要求命令检察官提供调查记录。检察官回答，已全盘提供给辩护律师。

关于参议员自称太忙，无暇注意远在天涯的别墅，检察官传唤几位 Veco 的员工，在证人席中表示在工地见到参议员："他时常来看工程进度"。一位员工甚至曾接到参议员的感谢函。

2008 年 10 月 28 日，陪审团向法官报告，已达成共识，宣布史蒂文斯参议员有罪，法官判他 5 年徒刑。

5 天之后全国大选，史蒂文斯在阿拉斯加州谋求竞选连任，以 3000 票落选。

2010 年 8 月 10 日，86 岁的老前参议员在阿拉斯加上空因飞机失事不幸丧生。他的上诉，仍在等待高等法院考虑中。

两年后，他的贪污案真相大白。司法部长指派下级官员出庭联邦法院，向主审法官要求撤销对史蒂文斯的有罪判决，因为在审判过程中，检察官们的行为失当，违反了被告的宪法权利。

原来在调查过程中，关键证人艾伦曾表示不确定修建别墅的费用，甚至说道："大约花费 8 万美金。"另外，两年的调查中，艾伦从来没有提到曾与参议员的邻居对话，更没有谈到那两封信是不是障眼法。然而在开庭前几天，艾伦才向检察官表示自己想起此事，检察官便让他在法庭中随便公开此事。

更严重的，艾伦曾经与未成年妓女发生关系，被查出后，教唆那女孩写宣誓书否认两人的性关系。教唆伪证，是证人的污点。

根据最高法院的判例，凡对被告有利的"重要信息"，警察和检察官有义务通知并提交给辩护律师和法官。什么信息呢？凡是可能影响审判结果的信息，譬如证人的可信力、证人自相矛盾的说词、证人过去曾犯法和明知不正确的证言或不可靠的证物。②

以上判例适用于史蒂文斯案。如果掌握了这些信息，辩护律师苏利文便可当庭质问艾伦："建造工程只值8万美元，那么参议员支付16万元，等于全部付清了，不是吗？"或者"两年之间你从未提到这位传话的邻居，何以忽然想起此事？"或："你在扯谎吧？"或："根据记录，你曾教唆未成年女孩作伪证，那是犯罪的行为。今天你会讲真话吗？"

每一道可能的反诘问，都可能影响陪审团的决定。检察官误导主审法官，公然违反最高法院的判例，在法庭中行为失检。

2012年3月15日，主审法官开庭撤销史蒂文斯的有罪判决，当庭申斥失职的几位检察官，并建议取消他们的律师资格。

　　资深参议员诉讼缠身、名誉扫地、竞选连任失败。死后两年多，冤情才被法院平反。证人的不诚实，检察官不顾职业伦理，种种因素叠加起来，导致了这场不公平的审判。

---

① United States v. Theodore Stevens, Case No. : 08 - cr - 00231 - EGS, 2008.

② Brady v. Maryland, 373 U. S. 83, 1963.

第二十五章

背上的枪伤

洛杉矶有座小城名叫埃尔塞贡多（El Segundo），城内有一条小路，俗称"情人巷"。黄昏和黑夜时，常有年轻男女将车停在巷边，在车内谈情说爱。

1957年7月22日夜晚，两对年轻男女坐在一辆汽车中消磨时间。突然一名男子出现在车旁，持枪命令他们下车，逼他们脱光衣服，并且将四人的手脚用绳索捆绑。持枪的男子强奸其中一位女子后，抢夺他们的钱财和手表，并开走他们的汽车。

抢匪开快车闯过一道红灯，巡逻的警车看到，随即追上，令他停车。两位警员从巡逻车下来，叫抢匪出示驾照。抢匪开门下车，抽出手枪对准警员，各开两枪，将他们击倒后，开车逃遁。

　　两位警员名叫理查德·菲利普和密顿·寇提斯。受伤倒地的理查德奋力抽出手枪，对着正在逃逸的汽车连开四枪，不久两位警员都伤重死亡。

　　事发后在犯罪现场，调查干员找不到多少线索。他们只找到三颗子弹头，找不到第四颗。不久在十英里之外，警察找到一台被弃置于路旁的汽车。他们发现汽车后部和后窗，有被子弹贯穿的现象，判断它就是暴徒当日驾驶的汽车。

　　核查四位男女的报案内容后，警方确定是他们被抢走的汽车。调查员在车内未找到有用的线索，只发现驾驶座位的椅背上有一个弹孔，并且在驾驶盘上找到半个指纹，属于左手大拇指，与四位男女的指纹都不符，所以那半个指印应该是暴徒留下的。

　　受害男女描述，凶手是白种男子，身高六英尺，说话带南方口音。警局将被强奸的女子身体内遗留的体液采样保存。

　　警察局长对两位殉职警员的家属保证，"无论多少时间，不计任何人力，我们必定会逮捕这个凶手。"

　　警察局将摘取的半个指纹样本送到华盛顿联邦调查局的指纹科去核对。调查局回答，在档案中找不到相同的指纹记录。当年没有基因科学这门破案的技术，于是破案的唯一希望，眼看已然破灭。

嫌犯既然带有南方口音，判断应该是南方人。然而警方调查本城附近的军营，也没有发现可疑的男子。

日子一天一天过去，两位警员殉职的凶杀案，逐渐变成"死"案子。

三年之后某一天，一位住在曼哈顿海滩的女子，在后院的泥土中发现两只旧手表和一把生锈的手枪，她把这些物品交给洛城警察局。两只手表是四位男女中两人被抢走的手表。警察循线追踪，发现手枪原来购买于路易斯安那州什里夫波特城（Shreverport）的西尔斯百货公司。

此后本案仍然没有进展，长达40年之久。

直到2002年9月，洛城警局接获匿名检举，指出一名嫌疑犯。虽然清查的结果证明此人与当年的凶杀案没有关系，但这项检举却引起警方的兴趣，他们重新着手研究这件旧案。

2001年2月，联邦调查局经过多年的设计，终于完成一套全国指纹总库（IAFIS），其中收集各处警局、移民局、海关和其他执法机关的指纹档案。

洛城警方将40多年前保存的半个指纹影像送到FBI去检验，竟然一击命中——它属于一个住在南卡罗来纳州的68岁老头，名叫杰拉德·梅森（Gerald Mason）。

仿佛命运之神安排。前一年，这位老头逛百货公司时，在成衣部试穿一条皮带，但忘了放回柜台，直接穿在腰上步出店门。被公司的保全人员抓住，以偷窃罪送到警察局。梅森解释，是自己年老健忘，并非故意偷窃。于是警察没有建议起诉他，只盖了他的指纹便放他回家。

这一排指纹纪录由计算机输送，进入 FBI 的指纹总库。

倘若没有发生这件事，警探们可能永远找不到此人。

除了指纹之外，警察继续侦查。从西尔斯百货公司的历史档卷（这时大型公司也将数据电子化了），发现 1957 年购买那把手枪的顾客在信用卡单据上签名，使用 G. D. Wilson 的姓名。

购买单据也载有 Wilson 当时留下的电话号码，查出属于城内附近的青年会馆（Y. M. C. A）。查核 Y. M. C. A 的记录，发现 G. D. Wilson 曾留宿两夜。警探也采到 G. D. Wilson 登记房间签名的样本。

于是调查局回头到南卡州，去寻找嫌疑犯杰拉·梅森的签名式样。FBI 在当地汽车管理局中找到梅森的签名纪录，并将 G. D. Wilson 的两份签名和梅森的签名一并送给两位特约的签名专家去核对。

两位专家很快作出结论：G. D. Wilson 中的"G"字和"Wilson"中的后三个字母"son"，与梅森签名（Gerald Mason）中的"G"和"son"，出自同一个人的手笔。

调查局终于完成工作，科学证据俱全，时机成熟，2003年1月30日，调查局立刻派干员持法院的拘捕令，到南卡州梅森家中拘捕杰拉德·梅森。当警探临门时，梅森面色惨白，知道45年前犯下的罪孽终于找上了他。警探们将梅森带往拘留所，命令他脱光上身衣服，他的背后赫然露出一个弹孔伤痕。

警察局从来没有对外公布，那名暴徒可能被子弹打伤，以避免他得知后设法整形，除去伤痕。

警探们颇为感叹。45年前，警员理查德·菲利普临死前奋力向歹徒连射四枪，其中一枪神准地击中正在开车逃逸的梅森后背。

"那个弹孔，是理查德的签名！"警长说。

梅森已儿孙满堂，为了避免公开审判将会羞辱他的家人，便向法官认罪。在法庭中哭泣着表示后悔。[①]

法官问："你懊悔的是当年犯下的罪，还是这么多年后，竟然不幸被警察逮到？"

杰拉德·梅森被判无期徒刑。

殉职警员菲利普和寇提斯各留下寡妻和一幼年儿女，现在都已成年。

菲利普的长子现在担任洛城警察，他告诉记者："当年警长答应我们，总有一天必定会捉到凶手。我们相信他，相信警察同事，也相信法院。"

---

① People of California v. Gerald Mason, Criminal Case NO. 92179.

第二十六章

恐怖分子

1998 年 8 月 7 日，非洲国家坦桑尼亚首都发生爆炸，美国大使馆遭自杀恐怖分子撞入引爆。接连两天，美国在肯尼亚和塞拉利昂的大使馆也被攻击。这些连环爆炸造成 224 人死亡，包括 12 名美国人。

1998 年的爆炸，是 2001 年 9 月 11 日——纽约世贸大楼遭飞机撞毁的前奏。

2001 年美国进军阿富汗，摧毁恐怖分子的基地，并逮捕许多恐怖分子。中央情报局在海外友邦设立秘密监狱，以回避美国法律，囚禁拷问被俘的阿拉伯人。讯问犯人的手段相当严苛，包括使用体罚和水刑。

美国政府在古巴的美军基地"关塔那摩湾"（Guantanamo Bay）设立拘留中心（Detention Center），将这些俘虏从海外监狱运过来，禁闭在拘留中心。

2008 年，联邦司法部决定选择一些囚犯，当他们是老百姓，依美国法律将他们起诉，并且在纽约的联邦法院公开审判他们，以昭公信。

联邦检察官指控也门人阿米·盖纳尼（Ahmed Ghailani）参与非洲的爆炸案。起诉书指被告在非洲替恐怖组织购买卡车和采购制造炸弹的零件，协助他们爆破美国大使馆。罪名多达 260 项——阴谋、协助和参与破坏美国政府财产和谋杀（每一死者算一宗谋杀罪），[①]2010 年 11 月 4 日在纽约开庭审判。

被告盖纳尼被军方囚禁 10 年，当然没有钱聘请律师替他辩护。主审法官指定两位律师担任被告的代理人，由法院负担费用。

辩护律师认为他是个糊涂蛋，仅是恐怖组织的外围边缘分子，被真正的头目差遣和利用。

检察官负举证责任，必须提供可信的证据，把被告和爆炸事件衔接起来。

检察官的主要证人是另一位被拘捕和囚禁的阿拉伯人，以及被告兰纳尼在监狱作的自白书。

辩护律师主张，法院不应该接受那个被拘禁的阿拉伯证人的口供，因为那是犯人被凌虐屈打成招的供词。至于被告的自白书，也是极刑拷打的结果。

主审法官先召开秘密法庭，陪审团不在法庭中，以免受影响，主审法官听取两方的辩论，询问那位关键证人被军方逼问的情形，掌握了状况。

正式开庭的第一天，法官裁决，关键证人的证词，不能被法庭所接受。

"在海外秘密监狱中，回避美国法律，凌虐囚犯所取得的口供，是非法证词，本法庭不能容忍。"法官说。

按最高法院历年的判例，法庭以外第三者的证词，是"传闻"证据，除非证人亲自来到法庭，在陪审团面前印证他的口供（本书第二十一章）。

"即使证人前来本法庭，我也不能接受他在海外监狱中表达的供词。"法官裁决。

检察官欠缺关键证人，举证成了问题。

审判只持续三天，由法官交给 12 位陪审员考虑。

2010 年 11 月 10 日，陪审团告诉法官，他们已达成共识。[②]

在公开法庭中，陪审团宣判，被告盖纳尼被指控的 200 多项罪名，全部无罪。只有一项有罪——破坏美国政府的楼房和财产。

法官判被告 20 年有期徒刑。[②]

解散陪审团的时候，主审法官感谢他们，并称赞他们是

"美国司法系统的核心";他们的公正"是我们的骄傲"。

在法院大门外,辩护律师对记者说:"在这里,纽约曼哈顿区,在倒塌的世贸大楼前,'9·11'的阴影之下,陪审员们能够客观而公正地判断事理,值得我们骄傲。"

"陪审团的判决,证明我们的司法制度是伟大的设计。"另一位律师说。③

那位关键证人名叫阿伯比(Abebe)。如果他在法庭上作证,他和被告合作寻找卡车和炸弹零件,并且把炸药卖给被告盖纳尼。这样的证词,可以相信吗?海外监狱以不人道私刑凌虐囚犯,可以容忍吗?

主审法官知道这项证词的重要。然而政府用非法手段获取的证据、非法逼供的证人,是美国法庭不能容忍的。这项规律的重要性,远超过一个恐怖嫌疑犯的命运。法院如果容忍屈打逼供的"证据",此例一开,"公平审判"便没有存在的余地。

---

① United States v. Ahmed Khaifan Ghailani,No. 1074066(S. D. N. Y 2010).

② 高等法院驳回上诉,地方法院主审法官没有错误。United States v. Ahmed Khaifan Ghailani,No. 11-320(2d Cir. 2013).

③《纽约时报》,2010 年 11 月 11 日。

第二十七章

正确的事

　　保罗·卡米亚洛（Paul Camiolo）是位 31 岁的年轻人，在宾州一家小公司工作。未婚的保罗住在父母家。老旧的房屋中，父母亲住主卧室，他住在另一边的侧间，中间隔着客厅和厨房。母亲的腰背疼痛，睡在主卧室一张较硬的长沙发上。沙发表面由塑料尼龙综合质料织成，同时家中二老都喜欢抽烟。

　　1996 年 9 月 30 日半夜，房屋内部忽然起火。一瞬间烈火熊熊，保罗穿着睡衣和胶鞋从大门逃生，用移动电话呼救。消防车和警车尚未抵达现场，房屋已经在火中爆炸，爆炸的冲力从屋内将前窗向外炸碎。

　　消防员发现，保罗的父亲死在主卧室的浴室内。他的母亲受了重伤，倒在后门内侧，来不及逃生。两个月后，母亲伤重去世。

第二天消防队员进入几乎烧毁的废墟，保险公司闻讯也派技术人员前来调查。如果是意外，保险公司必须赔偿。保罗告诉他们，火从主卧室蔓延全屋，可能是母亲抽烟引起。

消防队中的调查员注意到，保罗逃出大门，母亲却死在后门内侧；保罗穿着睡衣，脚上却有胶鞋，这些细节令调查员们心中起疑。[1]

检验房屋烧塌和烧焦的材料，他们发现，主卧室中的家具都已完全烧毁，尤其是保罗母亲睡眠用的长沙发。从屋外的玻璃碎片，他们判断火源应该来自客厅，因为那里看来发生过爆炸。从起火到爆炸只过了几分钟，因此引燃火警之物必然就在客厅。

警探们调查保罗父母的经济状况，知道他们都退休，没有遗留大笔金钱，房屋是他们的主要储蓄，他们也没有购买人寿保险，他们的死亡，似乎不能为儿子保罗带来多少好处。朋友们也说，保罗父母和儿子的关系良好。

消防队的调查员和地方警探怀疑是保罗纵火，但找不出他的动机。

过了几天，保罗填表格向保险公司申请赔偿，估计房屋的市价，应该是 40 万美金。

警探们认为他们找到了答案：保罗为了40万元，纵火烧死父母。

保险公司当然不肯轻易答应赔偿。他们不遗余力地着手寻找破绽。保险公司的调查员从废弃的材料中，找到原来房屋支撑客厅楼板的木头。调查员将几根木材送到实验室去检验，1997年3月得到报告，其中几根木头里含有汽油。

于是保险公司拒绝支付火险赔偿，主张保罗故意纵火烧毁父母的住屋。保险公司通知警察，主张这是纵火罪。

保罗不服，1997年11月聘请律师到地方法院去控告保险公司违背契约。这时他已知道警察正在调查他，因为警方已约谈他多次，明白告诉保罗，他脱不了嫌疑。所以在抗告保险公司的过程中，保罗告诉法官，他需要那笔赔偿金，否则没有钱雇请律师在刑事法庭中替他辩护。"因为我是无辜的。"他说。

律师替他与保险公司谈判，争取和解。1998年10月15日，保险公司终于答应赔偿美金24万元。同时，检察官和警察已准备追诉保罗。地方检察官打算起诉他10项罪名，包括谋杀父母、纵火、毁损财物、公共危险、诈骗保险金等等。检察官要求死刑。

1999年1月19日，检察官向法院起诉保罗·卡米亚洛。主审法官下令将他羁押，不准交保，并表示这是当地多年来最严重、最伤天害理的犯罪。保罗将被关在牢房 10 个月。[①]

准备出庭时，保罗的律师在想，如果地板木条染有汽油，那铺在木头地板上面的地毯，应该沾有更多的剩余汽油。另外，火源之外的其他区域的木板状况又是如何？

律师要求检察官让他和他的专家去检验政府收为证据的木板。另外，他请专人到火灾现场去寻找木材和残余的地毯。遵守宪法规定的检察官也放手让他们去研究。

专家们在实验室中检验这些物质，他们发现：

·火源地点以外的地板木材，也染有汽油。

·火源上方铺盖的地毯却没有汽油痕迹。

辩护律师和专家决定研究那幢房屋的建造历史。地方政府的土地管理局持有全地区所有房屋的记录，从记录中并可找到建造的时日和建筑商姓名。

这幢房屋于 1976 年建造出售。他们努力找到当年的建筑商，建筑商解释，当年的习惯是将汽油灌到油漆桶中，使油漆稀薄，容易使用和涂抹，所以被油漆涂过的木料中，也可能染进汽油。"现在还这样做吗？"专家问。"大概还是一样。"建筑商回答。

律师有个主意：把木条再送到合适的实验室，检验其中所含的汽油质量。也许当年出产这种汽油公司已经不存在。

几星期后，实验室送来报告，因为样品的分量太少，不能判断这种汽油是哪家炼油厂所出产。这个结论乍看令人失望。然而，实验室的报告也指出，汽油中含有铅。

"汽油内含有铅?"美国政府在 1985 年已经禁止贩卖或使用带铅的汽油。那么，木材中所含的汽油，只可能是二十多年前的汽油。

律师将结论分享给检察官。

半信半疑的检察官提出另一个疑问。调查员鉴定，火源在客厅中间。如果火源在卧室，又该怎么解释起火后，短短几分钟之内，即演变成全屋燃烧，从客厅向外爆炸?如果没有使用汽油等引火物质，火势怎会如此迅速?

检察官自己也为这些问题困扰。他向华盛顿联邦政府枪械火药管理局的专家官员请求协助。一位官员告诉他，这种快速延烧的现象，可以从一间房延烧到全屋，叫做"闪延"（Flashover）。如果房屋内有易燃物，譬如窗帘或某些材质的家具，那么即便火种仅是火柴之类的小火，火源远在卧室，也会造成"闪延"的现象。官员建议研究当时屋内的家具及摆设。

检察官想起，保罗的父母都抽烟。母亲睡长沙发，火源可能是长沙发吗？

于是检察官使用公费，也雇请专家来做实验。他们在市场上找到两张与卧室内沙发相同设计和质料的长沙发，把没有熄火的烟头放在沙发上，燃烧速度很慢；但将燃烧中的火柴放在沙发上，火头引燃，立刻快速发展成烈火，几秒钟的时间内，整个沙发便轰然起火，一瞬间烈火熊熊。也就是说，火柴引燃沙发后，造成快速延烧，短短几分钟之内，大火从卧室中喷射到全屋，几千度的高温引起爆炸，这就是"闪延"现象。当年的火警，火头不一定在客厅，反而非常可能从母亲所睡的长沙发上，由点烟的火柴点燃沙发，延烧引起爆炸，最终摧毁了整栋屋子。

1999 年 11 月 20 日，检察官到法官面前撤回对保罗的全部起诉。法官当庭释放保罗·卡米亚洛。[②]

检察官名叫布鲁斯·克斯托（Bruce Castor）。他对媒体记者说："辩护律师使用科学证据说服了我，本案证据不足。""我的职责，不是在法庭中赢得胜利，而是追寻真相。[③]在明白的科学证据面前撤回告诉，是正确的事。"

辩护律师则说："若不是这些科学证据和检察官的开明，一位无辜的人必定会因此坐一辈子牢。"

---

① Commonwealth of Pennsylvania v. Paul Camiolo, No. 1233 - 99, 1999.

② Camiolo v. State Farm, et al, 334 F, 2d 345, 2003. 保罗控告保险公司和地方警察等，要求赔偿，高等法院驳回，判决书中详述调查细节。

③ 2004 年，男子查特曼（Chatman）被法院判强奸罪入狱。2013 年，一位年轻检察官重新研究当初的证据。被害人女子曾出庭作证，说她奋力抵抗，大声喊叫。而检察官发现同一时间地点，有一位警员在附近打瞌睡。他告诉当时的调查员，没有被该女子的喊叫吵醒。那时的检察官没有透露这项讯息给法官和辩护律师。而这位年轻的检察官一发现便立刻通知法院，主张撤销有罪的判决。2003 年 9 月 10 日，法官下令释放查特曼。Fox News，2013/9/10.

第二十八章

精彩的证券商

高盛公司曾经有一位证券"交易人"，名叫法勃里斯·托瑞（Fabrice Tourre），朋友和同事称他"法勃"（Fab）。2005 年前后，托瑞设计一套交易票据（Negotiable Instrument），用房屋抵押担保，把许多个别的抵押权状（Deed of Trust）"捆"（Bundle）在一起，将它们"证券化"。在华尔街市场当作证券销售，并进军欧洲。托瑞骄傲地夸口，自己是"精彩的法勃"（Fabulous Fab）。

托瑞后来被美国证券管理委员会追诉。金融风暴拖垮许多银行，重挫美国经济，但政府仅成功地处罚了法勃里斯·托瑞这个华尔街的证券交易人。

房屋的抵押权很值钱。一笔 20 万美金的银行贷款如果 30 年连本带息还清，债务人（房屋主人）准时逐月分期付款，总额超过 3 倍。抵押权状值钱，如果能大批购买（"捆"在一起），价值可达亿元一笔。

抵押品的价值靠两件事成立：①债务人老实而长年准时付款；②房屋不跌价。债务人倒债还没有关系，银行可以没收他的房屋并在市场上出卖，卖价可以抵债，银行没有损失。通常贷款的数目低于房屋的价值，所以没收房屋，银行还可以赚钱。

20 世纪 90 年代，美国经济景气，房价节节上升。房屋中的净值（Equity）使人们感觉富有。市场上出现一批"贷款公司"和"贷款掮客"，劝客户把房屋当做抵押品，第二次、甚至第三次贷款（Subprime 次级抵押贷款），将净值变成现金。这些"贷款公司"开出松弛的条件，鼓励客户借钱，不问经济状况，来者不拒。放款之后，"贷款公司"将收到的抵押权转卖给银行和华尔街的巨型投资公司。[①]

财力不够或不诚实的房屋所有人（债务人），付不起重复抵押贷款所产生的利息，倒债是迟早的事。许多表面值钱的抵押权，其实在倒债边缘，是"带毒的抵押"（Toxic Mortgage）。

托瑞和同事们期望从销售房屋抵押权赚大钱。他们将几百件抵押品集在一起，"证券化"之后卖出。2005 年开始，他们创造一宗"担保债务凭据"（Collateral Debt Obligation，简称 CDO），内容全是次级信用（BBB）的房屋抵押，他们的计划名为 ABACUS。

收集这些抵押品时，托瑞和同事找到一位成功的"避险基金"（Hedge Fund）的老板，请他评估抵押品价值和购买股份。这位老板名叫保尔森（Paulson）。保尔森了解市场，私下认为房价即将下跌，因为供应过剩（新建的房屋和倒债而腾空的房屋），这些次级的抵押品，非常不可靠。但他答应托瑞，他的基金会进场购买一部分 ABACUS 证券，其余的卖给其他投资者。

同时保尔森向托瑞的雇主高盛公司购买等值的"信用违约交换"（Credit Default Swap）。它是一种证券保险——保尔森按时支付高额保费，如果投保的证券大跌，高盛公司必须补偿保尔森的损失。

保尔森预测 ABACUS 包装的抵押权必定跌价，才出高价买 CDS 的保险。保尔森的赌注是：ABACUS 会失败，而保尔森可以得到理赔。

另一方面，保尔森既然将是重要投资者，托瑞就让保尔森挑选 ABACUS 里的个别抵押案。保尔森挑选了一群个案，托瑞接受它们为 ABACUS 的主要内容。

其实保尔森选择的个案都是"带毒的抵押"。它们的失败，将是保尔森的财富收益。所以保尔森的利益，与局外的投资者正好相反。投资者希望这些抵押案健全而有价值；保尔森则赌它们失败，好领取巨额赔偿。

托瑞知道保尔森的意图，却不在意。他只想借保尔森之名，出卖手上的证券。

托瑞向投资人表示，连保尔森的"避险基金"也进场大量购买，ABACUS 显然是安全的投资。

许多投资人发生兴趣，其中包括德国银行（IKB）。但评估 ABACUS 之后，IKB 仍不放心，希望有第三者、可靠的信用评鉴公司，再评估 ABACUS。

2007 年房屋市场开始恶化，出卖 ABACUS 的压力，越来越强。

托瑞邀约一家有名誉的公司 ACA 参加分析评鉴 ABACUS 包装的抵押个案，并且告诉 ACA，保尔森已决定大量投资购买。ACA 答应担任"投资内容评鉴人"。ACA 曾评估过至少 22 件相似的投资计划、研究 ABACUS 中 123 件个案，ACA 表示，它曾经分析过其中 62 件，应该没有风险。

ACA 完全不知道保尔森的意图，竟与他讨论抵押权个案，相信保尔森的建议，同意 ABACUS 内容大部分个案风险不大。

于是托瑞告诉局外的投资人，包括德国银行 IKB，ACA 认可 ABACUS，而保尔森将作大量和长期投资。

2007 年 1 月到 4 月，许多投资公司和银行进场购买 ABACUS 的股份，保尔森也购进两亿美元价值的股份。

高盛和托瑞向外公布的文件和招股备忘录，没有透露保尔森的利益冲突——他在赌 ABACUS 失败，连 ACA 也不知道。不但如此，ACA 的关系企业甚至出卖大量"信用违约交换"（等于保险）给投资人，担保 ABACUS 不会跌价。

2007 年 4 月，投资者完成 10 亿美元的购买。6 个月后，ABACUS 中 83% 抵押权全部跌价。再两个月后，几乎全部暴跌，形同废纸。

投资人德国 IKB 银行、欧洲大银行 ABN 和 ACA 集团的保险公司损失惨重，遭遇财务困难。保尔森却获利 10 亿美元（理赔他的损失）。

2010 年 4 月 16 日，证券交易委员会（SEC）向纽约联邦法院提诉，指控高盛公司和法勃里斯·拖瑞，诈欺和误导投资人，要求罚金和赔偿。[②]

证管会指出，高盛公司和托瑞明知保尔森意在赌 ABACUS 包装的抵押品很快将失败，却不透露给局外的投资人；不但如此，他们还表示保尔森是长期的投资者。被告知道保尔森的利益，与局外投资人互相冲突，却不让投资人知道，甚至让保尔森挑选最坏的抵押品，注定 ABACUS 跌价。误导投资人，违反证券法规（15 U. S. C. § 77qca 等法条）。

开审之前，托瑞的辩护律师向法官提出书面声请，指出德国银行 IKB 和欧洲银行 ABN 在美国境外，而证券法规不及于美国国外的交易。经过一番听证和辩论，法官裁决，将 IKB 除外，但 ABN 在内华达州立案，高盛与它的交易是国内交易，法律可以管辖。

删除 IKB，投资者的亏损仍是天文数字。ACA 公司的关系企业担保 ABACUS 的风险，便出卖并赔偿了 9.09 亿美元的保险（"信用违约交换"）。

2010 年 7 月 15 日开审前夕，高盛与证管会和解，缴纳罚金 5.5 亿美金，但不愿认错。和解后便立即退出这宗诉讼。

证管会的发言人宣布："证券业界应该知道，无论交易多么复杂，词汇多么难懂，它们必须遵守法律，诚实而公平地对待投资人。"

第二天，证管会控诉托瑞的案子，在纽约联邦地方法院开庭审判。主审法官指示两方，避免使用专业词汇，发言要让陪审员们听得懂。

政府的律师在法庭中对陪审团说："华尔街贪婪，在本案中我们要把'精彩的法勃'绳之以法，叫他对他的行为负责。"

托瑞的律师回答："金融风暴是大家的责任，政府现在是把被告当作替罪羔羊。"

审判中陪审团看到托瑞的电子邮件，其中一封说："大楼马上要倒塌，剩下的生存者，将是精彩的法勃。"

证管会说，这就证明，被告明知房市泡沫即将来临，却还在推销"带毒的抵押权"。

辩护律师坚持，证券商仅是货品销售员，对货品的风险不负责任。

主审法官裁示，如果证券商开口解释商品的内容和质量，他就有义务要诚实，而被告明知保尔森在赌 ABACUS 失败，却告诉局外的投资者，保尔森准备长期投资；明知抵押权有毒，却表示它们是健全的，这便构成诈欺。

辩护律师又指出，托瑞是一位中级职员，ABACUS 由许多高级干部共同参与创造。并且这些利益皆被公司赚走，托瑞本人并没有从 ABACUS 的销售获得私利。

审判的最后一天，被告托瑞上台作证替自己辩护。他承认在 2007 年，薪水加奖金，共令他赚进美金 170 万元，而且被政府控诉后，开庭之前，他从职位上休假，高盛还付他一年 70 多万美金，直到 2010 年他辞职为止。

问他"配那么多钱吗?"托瑞回答，贩卖证券是一项艰难的事业，竞争激烈，职业风险非常大，工作又辛苦，所以值得高薪。托瑞否认误导投资人，表示 ABACUS 的数据，投资者可以自由研究，房屋市场的趋势，内行人都应该看得出来，而这些银行和资金，正都是有经验的内行（Sophisticated）公司，他们是自己评估，决定进场，并没有被误导。

证言结束后，辩护律师要求主审法官宣布托瑞胜诉，但因证据不足，被法官驳回，随即将全案交给陪审团决定。

两天之后，陪审团宣判被告托瑞败诉。[3]

法官判托瑞罚 82.5 万美金，并取消托瑞的资格，不准继续从事证券业。被告声请再议，被法官驳回。被告也没有上诉。

2008 年金融风暴，300 多家银行倒闭，由政府接收，一个月造成 8000 万人失业，美国经济衰退，波及全世界。法勃里斯·托瑞是遭政府追诉，并受到处罚的唯一一位华尔街证券交易人。[4]

房屋全面泡沫化，谁是输家？

房屋所有人经过掮客的安排，把房屋当做抵押品，取得银行的贷款，一借再借，将房屋的"净值"全部抵押，拿到贷款后便丢弃房屋走路。他们拿走了钱，不是输家。

用"抵押权"作货品，在证券市场大笔买卖，证券公司也不是输家。

"短线交易"（Short Swing Trading）的投资者更是大赢家。保尔森做的事，就是"短线交易"——投资购买抵押权证券，同时购买"信用违约交换"为他的投资护航，如果房市继续上涨，他稳赚；房市跌价，他获得赔偿。这种投资，才是双赢。

投资失败的银行，是输家吗？

它们的损失转嫁给股东。它们用来"赌博"的钱，是存户的钱。当它们垮台时，联邦政府拨款解救。

真正的输家，是老老实实按月支付银行利息、按时缴税，不拿房屋去抵押换钱，乖乖过日子却损失退休存款，甚至失业的普通人民。

一些华尔街证券商的行为可用"贪"和"傲"两字形容。赚钱无所不为，贪得无厌，不在乎后果；对自己骄傲，对投资者傲慢。托瑞案只是冰山一角。

白领犯罪是不见血的犯罪。它的杀伤力波及无辜，不可胜计。

---

① Michael Lewis, The Big Short，2013.

② SEC v. Goldman Sachs and Fabrice Tourre，10 Civ. 3229（S. D. N. Y. April 16，2010）．证管会只能运用民事诉讼要求罚金等行政处分。

③ 证管会的主要律师（Lead Counsel）名叫 Jeffrey Tao（托德骧）。

④ 许多州政府到法院追诉美国银行和关系企业，Okalahoma, et al v. Bank of America, Civil Action No. CJ – 2012 – 1537；United States v. Bank of America, et al , Civil Action No. 12 – 9361，指控它们出卖"有毒的抵押品"。2014 年 8 月 20 日，美国银行答应赔款 170 亿美金，但不认错。银行负责人和交易商逍遥法外，无一人被处罚。

第二十九章

结论：能力与道德

检察官要有道德，辩护律师须有能力，法官必须公正。

90％的刑事案件由检察官起诉，被告认罪，法官判刑而结案，轮不到陪审团审判。

10％的刑案中，被告不认罪，由陪审团评断。在法庭中，陪审团听不到谣言、传闻、猜测、想象和意见；看不到非法搜获的证据或非法逼供的自白。陪审团依赖法庭中的见闻，评断事实，全体秘密讨论和投票，一致判决被告有罪或无罪。

陪审制不是完美的制度，有时也会作出令人吃惊的判决。然而12位陪审员彼此制衡，应该比单单一位法官独自判断来得可靠一些。

若是检察官有道德、律师有能力、法官秉持公正，那么可以期待公平的审判。在本书的故事中，有些道德沦丧的检察官伤害法庭的尊严：伊班斯打死陈果仁，地方检察官以"误杀"起诉被告并与他妥协，建议法官给他缓刑。听证时，检察官甚至不出席（第十一章）；林白的婴儿谋杀案中，检察官掌握对被告有利的证据，却不告知法官或辩护律师（第三章）；同样地，检察官拒不透露对史蒂文斯参议员有利的证据，导致陪审团作出错误判决（第二十四章），都是检察官不顾职业伦理的例证。

辩护律师需有能力：酗酒的律师断送郝特曼一生（第三章）；如果律师足够敏锐，肯与华裔被告商量，他们应该在法庭中质疑证词的英文翻译是否正确，而不至于让 11 名被告糊里糊涂地被判重刑（第十四章）；菜鸟律师如果不搅局，不教导关键证人怎样作证，杀人的被告不会逃脱 25 年徒刑（第十一章）；威廉斯如果有辛普森的财力和辩护律师，可能不会被判罪（第十章和第十八章）；若没有约翰·亚当斯在法庭中的努力，被众人唾弃的英国军官和士兵恐怕难逃厄运（第一章）；克劳斯·方布劳（第十三章）和谢巴德医师（第五章）被法院判罪后能够翻案获得平反，也是律师的功劳；能干的律师，更能使蒙冤的吉迪恩从监狱中被释放（第七章）。

法官必须公正：主审谢巴德医师第一审的法官认为被

告罪无可赦，没有审讯的必要，造成闹剧般的法庭，最后受到最高法院的谴责（第五章）；公正的联邦法官排斥政府非法获取的证据，让"恐怖犯"在"9·11"的阴影下，仍能得到公平的审判（第二十六章）；公正的法官申斥"超急切"追诉资深参议员和公司职员的检察官，释放受折磨的被告，恢复他们的自由（第十九章和第二十三章）。

本书故事中的审判，对美国司法的发展皆有重要影响。它们陆续建立了一些为后世遵守的前例。

陪审团必须由局外、不知案情的人担任。开庭期间，陪审员们必须与外界隔绝。他们只准考虑事实，评断客观的证据。证据法则严格限制他们在法庭中的见闻。

法官主持审判，必须维持法庭的肃静，防止媒体或外界干扰。被告期待"公平审判"的权利，高于媒体的采访或新闻自由。"没有人，甚至总统，也不能高于法律。"

检察官代表政府追诉犯罪，但应该以寻求真相为怀。对被告有利的证据，不可隐藏。

本书讲述的刑法故事，正展现了法治精神和这些规则的生态。

后 语

善与恶

本书的标题是"善与恶",这些故事中的人物,被判罪的不一定是坏人,而没有被判罪的,也不一定是"好人"。

若试着评论几位突出的人物,最突出而值得用"恶"形容的,应该是用棒球棍在黑夜中当街打死陈果仁的白人朗诺·伊班斯(Ronald Ebens);卧底而陷害11位被告的华裔网民史提夫·王(Steven Wong)同样恶劣;还有指控资深参议员贪污的石油公司老板艾伦(Bill Allen)。

这三个人陷害了别人,却没有受到制裁。

杀死陈果仁之后,伊班斯碰到一位差劲的检察官,只控告他"误杀",又遇到一个种族歧视的法官,仅判他缓刑和罚金。后来司法部希望用"违反民权"的罪名送他法办。联邦法院判他25年徒刑,但法庭审判又被一个菜鸟律师搅局。伊班斯杀了人,没有坐一天牢。

史提夫·王呢?他根本不是警探,却主动替警察局服务，赚一点小钱，利用别人对他的信任，奔走安排无中生有的犯罪，诱惑他人入瓮，身上布线，偷录朋友的谈话，用英语歪曲被告们的华语对答，还在法庭中侃侃而谈，蓄意陷人于罪。

至于石油公司老板艾伦，贿赂资深参议员，陪他玩乐，替他整修房屋，然后在法庭中用谎言误导陪审团。

这三个足以用"恶"字来形容的坏人，结局却都逍遥法外。[①]

三位联邦法官释放李文和，向他道歉，并呵责政府"超急切"失当；轻判詹姆斯·徐，放他回国，并申斥调查员；平反参议员，恢复他名誉，并谴责行为失检的检察官。可以用"善"字形容。而那位研究基因结构的女科学家海伦娜，做了"正确的事"、接受科学结论，撤回告诉的地方检察官，以及枪法神准的两位殉职加州警员，都积有"善"果。

刑法是经人民的代表立法，授权政府规范社会秩序的工具。刑事诉讼的核心道德价值，应该是"宁赦十恶，不杀无辜"。当政府成功地冤枉一位无辜的百姓，便是我们每个人的危险和全体社会的损失。法律和道德结合，其层次超越个人"善"与"恶"的评价。

---

① 艾伦于 2007 年辞去公司的职位。

图书在版编目（ＣＩＰ）数据

善与恶：美国重大刑事审判的故事/陶龍生著.—北京：中国政法大学出版社，2015.9

ISBN 978-7-5620-6263-9

Ⅰ.①善… Ⅱ.①陶… Ⅲ.①刑事诉讼－判例－美国 Ⅳ.① D971.252

中国版本图书馆CIP数据核字(2015)第203399号

————————————————————————————————————

出　版　者	中国政法大学出版社
地　　　址	北京市海淀区西土城路 25 号
邮寄地址	北京 100088 信箱 8034 分箱　邮编 100088
网　　　址	http://www.cuplpress.com
电　　　话	010-58908524(编辑部)　58908334(邮购部)
承　　　印	固安华明印业有限公司
开　　　本	787mm×1092mm　1/32
印　　　张	7.75
字　　　数	130 千字
版　　　次	2015 年 9 月第 1 版
印　　　次	2015 年 9 月第 1 次印刷
定　　　价	26.00 元